士業必見！

正しい家相で業績アップ

今日からできる 開運事務所

家相建築家
佐藤秀海

清文社

はじめに

人間が幸せになるためには知恵が必要だ。知恵があれば、危険を未然に防ぐことができるので、そのための知恵を数多く持っている人が、幸せな人生を送れると思っている。

そのためには、家相や方位の知恵は、とても大切だと思う。

この学問は、人間が頭の中で考えたものではなく、太古の昔から変わらない自然の営みをもとに成り立っている。水は高いところから低いところへ流れ、その流れをせき止めたところから腐敗が始まる。とても簡単なことだか、これが真理なのだと思う。

私が家相や方位に携わるようになってから、早いもので26年がたった。その間には、住宅、店舗、事務所など数多くの案件に携わり、学校やビルなど大規模建築までにも及んでいる。先日、今まで相談を受けた皆さんに連絡をして、その後の状況を教えていただいたが、返信を頂戴した方のほとんどが満足され、喜びの声をいただく結果となった。その一部を私の事務所のホームページに掲載しているので、ぜひ、多くの方にご覧いただきたい。

家相や方位の知恵は、正しいものを正しく活用することが大切で、残念ながら、この点を間違えている方も多くいる。

家相や方位にはいろいろな流儀や流派があり、一筋縄ではない。玉石混合なので、本物を見極める必要がある。特に家相については、建築と密接にかかわることなので、建築の知識も当然必要になってくる。

また、家相は進化する学問でもある。

住宅の構造や設備など、日進月歩で進歩しているのに、家相だけ昔ながらの考えのままでいいわけはない。時代や技術の進歩に合わせて、進歩するのは当たり前だ。

しかし、すべてを時代の流れに合わせるのではなく、変わらないものもある。時代が変わっても磁石は正確に北を示すし。太陽は東から昇って西へ沈む。自然のサイクルは普遍なので、時代と共に変わらないものもある。この点をしっかり判断しているものを選んでほしい。

今までに6冊の拙著を上梓したが、ほとんどが住宅をメインにしたものだった。私が設計した実例を写真や図面で紹介したのは、家相や方位を取り入れても、使い勝手や通風と採光に問題がないことを知ってほしかったからだ。

今でもそうだが、住宅業界には「家相を取り入れると家にならない」と、アレルギー反応を起こす業界人も多い。しかし、そんなことはない。正しい家相を正しく活用すれば、何の問題もない。

事務所や店舗ついても、家相や方位の知恵は大切だと思う。

事業には、従業員やその家族、顧客や関連業者など多くの人がかかわっているので、やるからには成果を出さなければならない。経営者をはじめ、従業員が努力するのは当たり前だ。努力しただけで成功するならば、世の中に倒産する会社などないと思う。努力しても結果が出ないのがビジネスの世界だろう。

だから「運」が必要なのだ。

バブルのように消えてしまう「運」ではなく、努力に努力を重ねて手にした本物の「運」は簡単には消えない。この運を手に入れるために、本書を活用してほしい。

本書では、すぐにでも始めることができる開運事務所へのポイント、本物の運をつかむための家相学のポイント、事務所や店舗のタイプや目的別のポイント、事業別に分類した開運事務所の事例紹介、そして、私が手がけている最新事例の紹介など、思いつくすべてのものを取り入れている。

本書を手にした、一人でも多くの経営者の努力が報われることを、心から願っている。

最後に、常に私を公私共に支えてくださる茨城県つくば市千勝神社、千勝良朗宮司に心から感謝の気持ちを捧げたい。

平成28年5月

佐藤　秀海

はじめに

第1章 すぐにでも実行してほしい 心地よい事務所づくりのためのヒント

第2章 家相の基本と活用方法のヒント

第3章

それぞれの条件に合った開運事務所のヒント

事務所別編

独立した事務所のポイント

第4章

あらゆる業種へ活かす！開運事務所への実践

業種別事例

最新実例紹介

〈巻末資料〉

第1章

すぐにでも実行してほしい
心地よい事務所づくりのためのヒント

ヒント1

空気を動かして事務所の「気」をあげる

この章では、すぐにでも実行してほしい、心地よい事務所づくりのためのヒントについて説明したい。そのためには、まず、開運事務所とはどういうものなのかを知ってほしいと思う。

会社が繁栄する開運事務所とは、経営者やそこで働く従業員の努力がしっかりと報われる事務所である。つまり、どれだけ最新の設備やセンスの良いインテリアなどにこだわった事務所であっても、そこに働く人間の努力がなければ発展もない。人間の努力が成功の種なので、種のないところには花は咲かないし、実もならないということだ。

開運事務所には、その種を育てるエネルギーがある。日光や水分、そして、数々の養分となって種を育ててくれるパワーがある。

また、その開運事務所のエネルギーは、その事務所へ訪れた人たちへも十分に発揮され、心地よさや安心感をもたらしてくれる。つまり、**開運事務所とは、人の努力が報われ、そこを訪れた人たちを心地よくすることができる場所**なのだ。

私の専門とする家相建築では、家相の智慧と建築の知識を活用して、事務所や住宅、大規模な工場から学校、病院に至るまで幅広く設計に携わっているが、その根本には、人間と自然との約束事である「家相学」の教えがある。水は高いところから低いところへ流れ、また、太陽は必ず東から昇り西の地平へ沈んでいく。このような自然の摂理を大切にした学問なので、そこに住む人たちや働く人たちが、とにかく心地よくなれる。人が心地よく感じるためには、まず、空気を動かすことが大切だ。

自然の摂理から言えば、水は滞ることによって腐敗がはじまる。空気も同じで、よどんでしまえば腐敗が始まるので、とにかく動かすことが大切なのだ。

窓を開けて定期的に換気をすること。できれば、**朝の新鮮な空気を取り入れてもらいたい**。たとえば、来客が続いて室内の空気が重たいと感じた時も、窓を開けて空気を動かすと軽く感じるはずだ。換気扇やエアコンを利用して、空気を動かしてもよい。**意識して空気を動かすことで、室内の気が上がる**のだ。

私は数多くの家や事務所へ直接足を運ぶが、人の住んでいない家や使われていない事務所はすぐにわかる。また、こんな家や事務所は驚くほど老朽化も早い。人が生活をし、また、働くことだけでも空気が動き、建物が活性化されるが、人もいない、窓も開けないでは、みるみるエネルギーが枯渇してしまう。

室内の空気を動かすことは、人が心地よい開運事務所をつくる第一歩なのだ。

ヒント2

自然の光を活用する

人が心地よく感じるために必要なものとして、光は大切だと思う。特に自然の光は何よりも大切だ。

自然の光を取り入れるためには、窓がなくてはならない。たとえば、オフィスビルの換気ができないFIX窓（はめごろし窓）でも採光を確保できるだけで、その部屋のエネルギーが上がる。

部屋の明るさを確保するだけなら、照明があれば十分だと思う。それこそ、地下室でもどこでも照明があれば仕事をするには支障はない。ただし、そこで働く人たちの実力を十分に発揮できるとは言えない。つまり、**自然の光が取り入れられる部屋と人工的な照明だけの部屋ではエネルギーが違う**のだ。

すべての部屋に窓があることが最良だが、難しい場合、少なくとも**大切な仕事をする部屋や顧客と商談をする部屋などは窓のある部屋を**活用してほしい。そこで働く人だけではなく、来訪された人にも心地よいはずだ。

家相学では、日光（自然の光）を世の中で一番大切なものとして考えている。太陽の光がなければ人間も含めてあらゆる生命が成り立たない。家相学上、大切な方位である北東の表鬼門や南西の裏鬼門の成り立ちも、すべて太陽の動きと関連している。

たとえば、一家の主の方位が北西方位が望ましいことには理由がある。北西方位は、太陽が東から昇り、東南から南、さらに南西から北西へ移りゆく間に、その恩恵を十分に受けた作物が豊かに育つ様を表している。実りや財産という象意を持つ方位が北西で、そこを一家の主である主人の定位としているのだ。鬼門やそのほかの方位については、詳しく後述するので楽しみにしてほしい。

都市部では、窓があってもすぐ近くに隣の建物が隣接していることもある。視界が開けず眺望が悪い窓もあるだろう。それでも、事務所スペースの何割かにでも窓があれば、それだけで事務所全体のエネルギーが高くなる。

ビジネスというと、損得やモノが重要視されているが、人を大切にするのが「商い」の基本。これは日本人が昔から大切にしていることだろう。その基本に忠実であることが開運事務所を実現させるポイントでもある。

事務所のあり方を考えるときに、自分が使いやすい事務所を中心に考えるのか、あるいは、顧客や相談者が最も心地よいものとするのか。職種によって選択は様々あると思うが、どちらにしてもポイントは人だ。何より人を大切にした判断ができれば、開運事務所への道は開かれるはずだ。

ヒント3 エネルギーを上げる「縁起物」を活用する

開運事務所をつくるポイントは人にあるが、人の運気を上げる物もある。物は主役ではないが、上手く活用することで、なくてはならない脇役とすることはできる。

プライベートな自宅であれば、間違いなく神棚の設置を進めるが、仕事の場となれば、なかなかそうはいかないだろう。そこで、**事務所では、縁起物を活用してほしい。**縁起物とは、初詣で受ける破魔矢、鏑矢、干支の置物、福錫や、年末の風物詩でもある酉の市の熊手などもそうだ。そのほかには、七福神と言われる大黒天・毘沙門天・恵比寿天・寿老人・福禄寿・弁財天・布袋尊に関する絵や置物などがうかんでくる。

ただし、縁起物だからといって、何の考えもなしにそろえても意味がない。空間を利用し、あくまで機能を防げないように、**センス良く、さりげなくレイアウトする**のがポイントだ。そうすれば、いかにもビジネス優先、効率最優先という印象をもたれずにすむ。これが大切なのだ。

どんな仕事にしても、仕事に関連する物だけ置かれた事務所では、顧客や相談者からの印象が悪い。経営者が自分の実力や今までの成果をこれ見よがしに並べ立てた事務所を訪ねたこともあるが、それこそ、「主役」ばかりで鼻につく。「主役」を引き立たせるためには必ず「脇役」がいる。その点、縁起物とは、日本人が昔から慣れ親しんだもので、まさに、脇役にふさわしいものなのだ。

風水に凝った人たちも、赤富士や水晶玉、金色の龍の置物など、上手く飾り付けているケースもあるが、ただ、やりすぎるとやはり鼻についてしまう。

風水＝金儲けという印象が強いので、この点には注意してほしいと思う。

縁起物の代わりに、お気に入りの掛け軸や絵画などを飾ってもよい。思い入れの強いものだけではなく、遊び心を誘う作品でもよい。これも格好の脇役となる。

自らのセールスポイントを力説するより、自らの強みを引き立たせる環境を整えること。自分の事を自分で褒めるのではなく、自分の魅力を引き立たせるものをしっかりとチョイスできると、人を惹きつけることができる。開運事務所は、自己主張の場ではなく、さりげなく自分の生き方を表現する場所でもあるのだ。

ヒント4

花や植物を効果的に活用する

花や植物には人を支えてくれる力がある。開運事務所を目指すのであれば、その花や植物を効果的に活用してほしい。

活用してほしい場所の1つは、出入り口だ。家相学でも、出入り口は福を呼び込み、魔を払う場所として大切にされている。今でも飲食店などの店先に盛塩がされているのを見かけるが、これも家相の知恵の1つ。生命の源でもあり、魔除けの効力がある粗塩（あらじお・精製してない塩）を盛って、千客万来を願うためのものだ。

もちろん、この盛塩も効果的だが、花や植物は、それを眺めているだけでも人が優しい気持ちになれる。事務所を訪れた大切なお客様が、出入り口の花や植物に目を留めて、ほっとしてもらえればありがたい。これがおもてなしにもなる。

風水では、特に金運をあげるグッズとして黄色の花を用いるが、花の色は特に黄色にこだわることはない。清廉な白い花もよいし、周囲を明るくする赤い花でもよい。ただし、花の元気がなくなったらこまめに交換するのは言うまでもないことだ。緑の葉が生き生きとした観葉植物も事務所の運気を上げてくれる。**出入り口の運気を上げる**ためにも欠かせない。

次に、**商談を行う応接スペースにも、花や植物を置いてほしい**。人と人の思いがぶつかるその空間は、そのままにしておくとすぐにエネルギーが下がり、空気が重たくなってしまう。たとえば、部屋の四隅に観葉植物の鉢を置いて、しばらく様子をみる。たいていの場合、決まった箇所の観葉植物の元気がなくなり枯れてしまうはずだ。その枯れてしまう場所は部屋の気が滞りやすい場所なので、その場所には常に元気のよい観葉植物を置くようにすること。こうすると、その部屋の空気が軽くなる。

事務所内の気になるところに花や植物を置いて、どこの場所の花や植物が元気で、どこが枯れやすいかを知るのも大切だ。弱いところの周辺を整理整頓して、花や植物のパワーを活用する。場のエネルギーが上がると、そこに働く人たちのモチベーションも上がるので、しっかり活用してほしい。

ヒント5

人間の五感を刺激する

人間は感情の動物とよく言われるとおり、初めて会った人の好き・嫌いも、ほとんど第一印象で判断してしまうという。事務所についても同じで、開運事務所を目指すのなら、とにかく、第一印象を良くしてほしい。

まずは視覚。**インテリアの色使いなどがポイント**だ。たとえば、室内の配色については足元に濃い目の色を集め、上にいくほど薄めの色使いを心がけると落ち着いた雰囲気になる。反対に、足元の配色が薄くて、上に行くほど濃くなってしまうと落ち着かないので、注意してほしい。

また、色は面積が大きくなるほど濃く見えやすいので、その点を理解して使いわけると無難だ。

次は聴力。人間が病気や寿命で最後を迎えるときにもこの聴力が最後まで残るので、耳元で言葉をささやくだけでも安心するといわれている。やはり、**心地よい音楽などを用意する**のは、大切なことだ。

また、温室栽培の野菜や果物にモーツァルトの曲を聞かせると発育もよく、味もよくなると実践している農家もあるので、野菜や果物と同じように、人の気持ちも整えてくれるはずだ。

香りも大切で、もちろん、鼻につくほど強いものでは台無しだが、アロマオイルなど**ほのかな香りは人に心地よい**。人によって好き嫌いはあるが、柑橘系のアロマオイルなどさわやかな気分になる。

前にも説明したが、出入り口にさりげなく盛塩するのも効果的だ。塩の持つイメージの1つに「清める」というものもあるので、盛塩の浄化作用と相乗効果も期待できる。

そして、**一番大切なのは笑顔だ**。視覚・聴覚・嗅覚を心地よく刺激しても、迎え入れる人に笑顔がなければどうにもならない。経営者やスタッフ、従業員の態度がよくて、初めてすべてが生きてくる。

色使い、音楽、香りいずれにもこだわっても、人の笑顔にまさるものはない。心地よい環境を整えて笑顔で接すること。これは開運事務所には欠かせないものだと思う。

ヒント6

「方位」のパワーを活用する

方位とは、北・北東・東・東南・南・南西・西・北西の八方位を指す。本来は、中央も方位の1つに加えて九方位とするのが正しいが、一般的には八方位といわれている。その八方位にはそれぞれ違った特色がある。

八方位の中でも一番神聖な方位といわれるのが北方位。北はすべての方位の基準となっている。磁石が正しく北を指すことは誰もが知っているが、なぜ正しく北を指すのか、その理由はいまだわかっていない。正しい北を知ることがすべての始まりであることなどから特別なのだ。この**北方位では、物事の真理を追究する作業が向いているので、研究などに使用すると成果が上がる。**

南方位は北方位とは違い、学術的な研究よりもアカデミックな芸術活動に向く方位といわれている。論理的な思考ではなく、豊かな発想を求めたいときは、この南方位が最適だ。芸能人や芸術家の自宅やアトリエの設計には、私もこの南方位の特性をうまく活用することを実践している。

東方位の特色は、物事を進展させる力を持つこと。新規事業や開発作業に向いている。ビジネスでは、今すぐに成果を得られなくても、先を見据えて投資することも大切な事業の1つ。そんな事業には東方位を活用してほしい。

東南方位は、人間関係を円滑に進め、信用・信頼を得ることができる特色がある。会社の部門で言えば、総務部や人事部、あるいは渉外担当のセクションがお勧め。東南方位にこんな部署に配置すると効果的だ。

経理などお金に関する部門は北西方位にレイアウ

トしてほしい。北西方位は財産をつかさどる方位だからだ。また、**北西方位は権威の方位でもあるので、経営者の部屋を用意してもいい。**社長や取締役など、立場のある人間が事務所内のどの方位にいるかで、会社の安定度も違ってくるからだ。

今までに、数多くの会社や事務所の設計にこの方位のパワーを活用してきたが、多くの施主に喜んでいただいている。皆さんにも、今すぐにできることから始めてほしい。

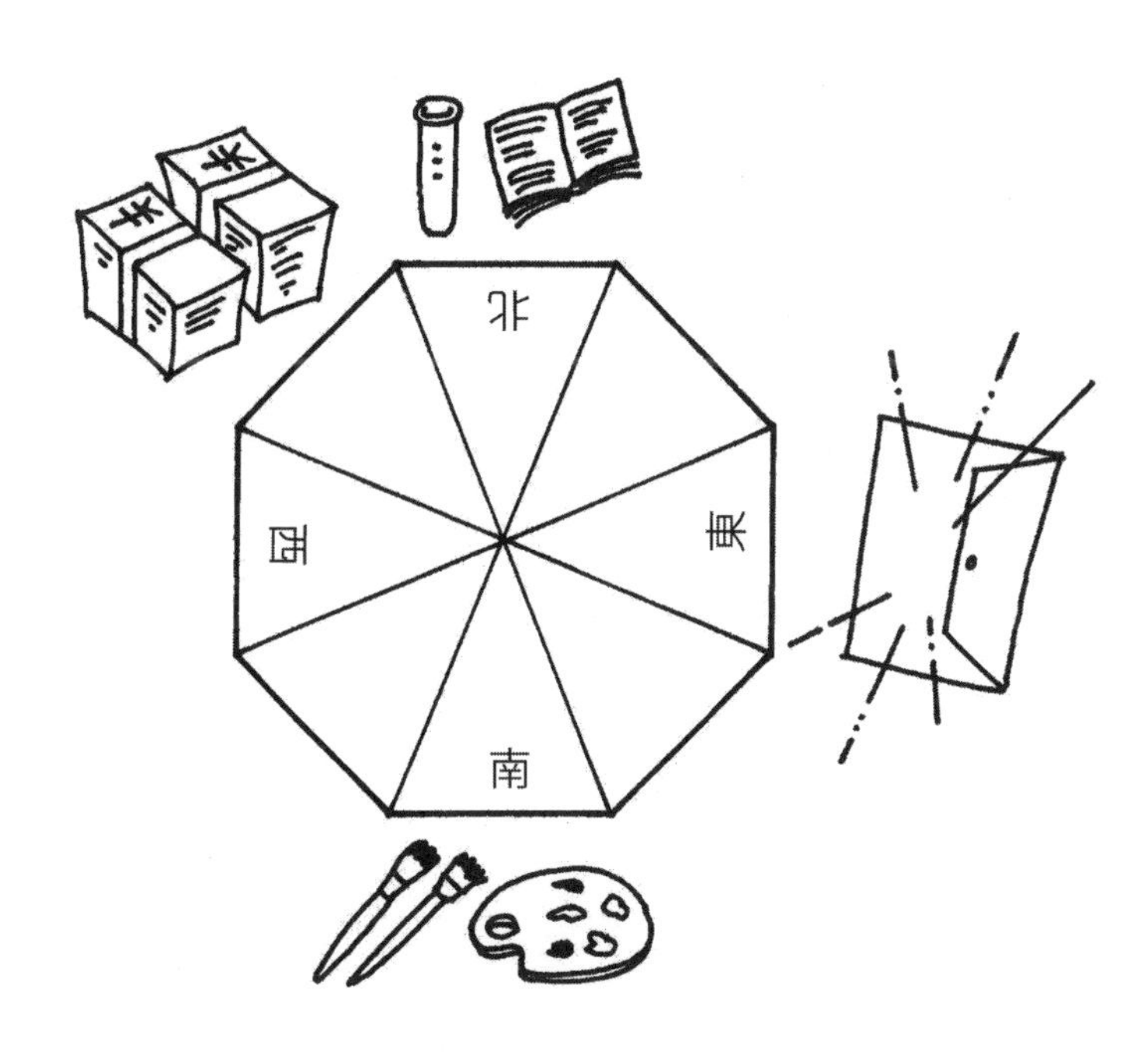

ヒント7

「ゆとり」が福を呼び込む

昔から出入り口というように、出るものが出ないと入るものも入らない。だから、出入り口であって、入り出口ではない。つまり、利益や信用がほしければ、それを呼び込むために不要なものを出す必要があるということ。**利益や信用の居場所を用意することがポイント**なのだ。

そのためには、事務所内にゆとりがあることが望ましい。限られたスペースであっても、社員の机やオフィス機器がぎっしりではダメで、せめて花や植物、絵画でも飾れるスペースはほしい。特に注意してほしいのは、本棚だ。

本棚には、仕事関係の書籍から業界の資料、顧客の資料などぎっしり詰まっているケースが多い。さらに、棚板と書籍の間にもいろいろと詰めこんで見た目も最悪だ。たとえ、顧客や来訪者には見えない場所に設置されていたとしてもそのままにせず改善すべきである。まずは**本棚の整理をして、不要なものをすべてなくすこと**。あいたスペースに福を呼びこむつもりで実践してほしい。

たとえば、仕事上のトラブルなど、いろいろな問題を抱えて悩んでいる経営者の人。それこそ、本棚の整理どころではないと思われるかもしれない。確かに、抱えているトラブルを解決するための現実的な対処は、もちろん必要なこと。大いに努力すべきだと思う。ただし、具体的に動くことができないときは、まずは足元を見つめて自分の身の回りを整理する。**不要なものを取り除いてシンプルにすると、気持ちも同じで、ゆとりが生まれる**。そのゆとりが問題解決のスタートとなって、福を呼び込むことができるのだ。

机の上や引き出しの中など、社員それぞれが整理してゆとりのスペースをつくること。事務所全体のレイアウトも見直して、とにかくゆとりをつくる。**福がほしければ福の居場所を設けることがスタート**。場所がなければ福もやってこない。不要なものが多いと、福ではなくて不幸が居すわることにもなりかねない。ゆとりを設けて、福の居場所を用意してほしい。

第2章
家相の基本と活用方法のヒント

ヒント
1
家相は1つではないいくつもの流儀や流派がある

家相という学問は歴史も深く、起源は四千年とも五千年とも言われている。歴史ある学問ゆえ、いろいろな考え方があって幅も広く奥も深い。そのため、書店に並んだ書籍の内容もそれぞれで、中には、まったく違う考え方をした家相書もある。まずは、**家相学にはいくつもの流儀や流派があって、いくつもの考え方がある**ことを知ってほしい。

たとえば、方位の基準を示す北には2種類あることをご存知だろうか？　2種類とは「真北」と「磁北」で、「真北」とはシンポクと読み、簡単に言えば地図上に示される北のこと。「磁北」とはジホクと読み、こちらは磁石が示す北のことだ。自然の理の1つでもある家相学は、磁北を基準とするのが正しい考え方だが、中には、真北を基準とする流派もある。真北と磁北を比べると、2つの北は約7度ずれているので、この違いが家相の吉凶判断に大きく関わってくるのだ。

東西南北など、八方位についても考え方が異なる。八方位はすべて均等の角度で、1つの方位の大きさが45度であることが正しい。ただし、中には、東西南北がそれぞれ30度で、残りの北東・東南・南西・北西の四方位は60度とする流派もある。方位の範囲が違っていては、当然、吉凶判断も違ってしまう。

また、家相の吉凶を判断する大切なものの中に、火気と水まわりがあるが、この考え方も違っている。火気とは、ガスレンジやIHヒーターなど調理に使うもの、あるいは室外にある給湯器を指すが、電子レンジやエアコンの室外機まで含める流派もある。水まわりはトイレと浴室、浄化槽や汚水管のことを指すが、洗濯機やエアコン、洗面台や室外の外水道まで含める流派もあるので、制約だらけでまともなプランができなくならないかと心配になってしまう。

このほかにも、流儀や流派によって考え方が異なる部分はたくさんあるが、この章では、正しい家相の考え方を厳選して説明したい。いろんな流儀や流派に惑わされず、皆さんには正しい家相の知恵を知ってもらい、開運事務所の実現に活かしてほしい。

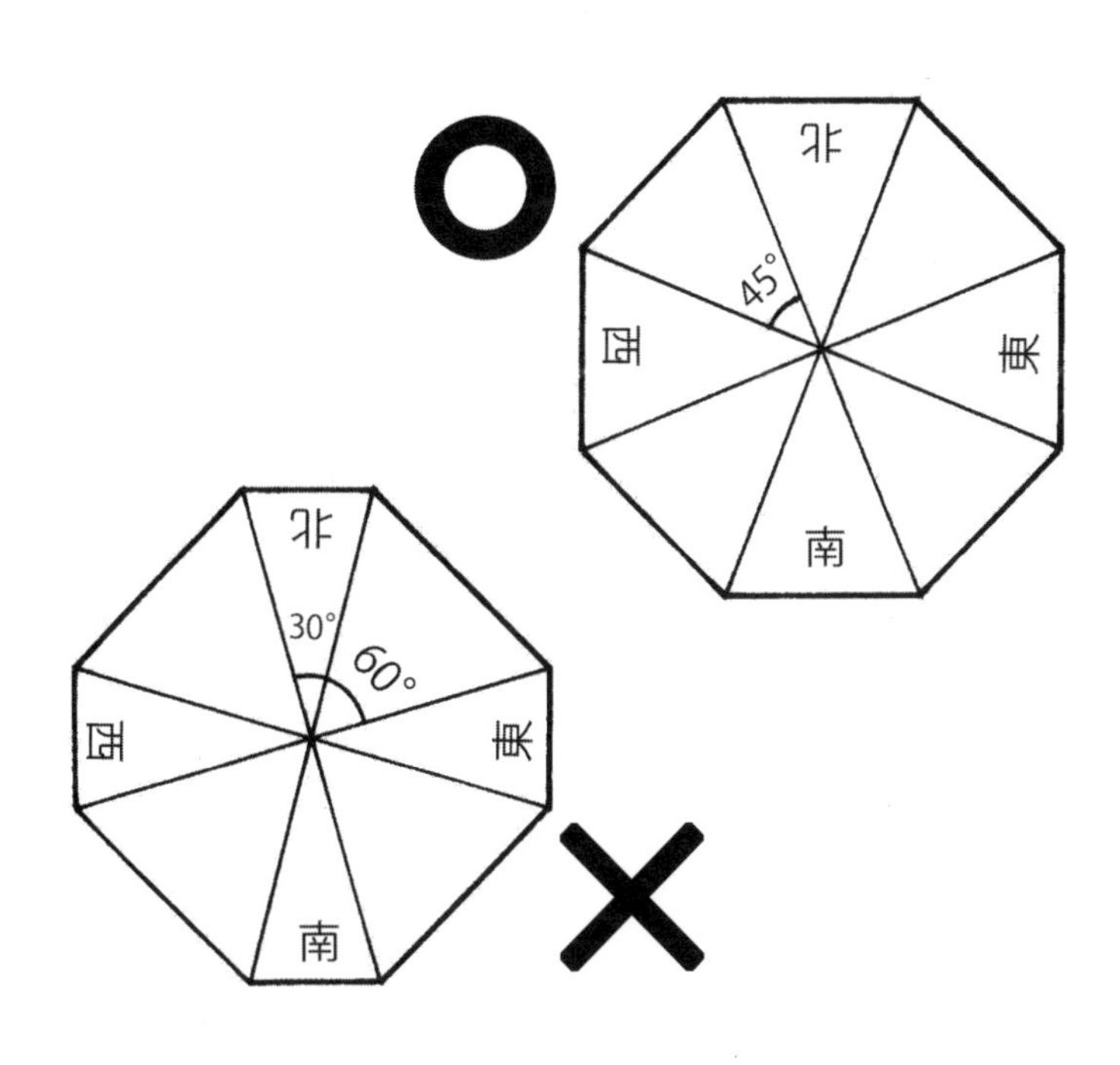

ヒント2

家相は進化する時代に合わせて変わるもの

家相学は由緒もあり歴史もある学問だが、いつまでも昔ながらの考え方にこだわった学問ではない。もちろん、学問の本質がころころ変わるわけではないが、**時代や技術の進歩に合わせて進化する**ことは当然のことだ。

たとえば、今の生活に欠かせない電気やガスなどの扱いについて、江戸時代の家相書には何も書いていない。その時代にないものの吉凶がわかるはずもないだろう。

ある家相家に相談に行った方から聞いた話だが、その家相家は、江戸時代から続く秘伝の継承者だそうで、今でもその秘伝書をもとに家相の鑑定を行っているとのこと。その相談者が持ち込んだ図面を見て、ガスレンジなどの火気やトイレなど水まわりの方位が悪いので、移動するように指示されたという。

そのほかにも各部屋の広さや室内への出入り口の位置、廊下の距離から窓の大きさまで、細部にわたっての指示もあった。車庫についても細かな指示があり、建物から離す距離や方位の指定もあったが、すべてのことを取り入れるのはとても現実的ではない。せめて、車庫だけでも何とかならないかと、もう一度尋ねたところ、「車庫は馬小屋や牛小屋の方位として考えるので、変更はできない」と言われ、車庫の吉凶をなぜ馬小屋と同じように考えるのかについては、「江戸時代の移動手段は馬や牛なので、車は馬や牛として判断するのが正しい」と回答されてしまった。結局、その方はどうにもプランがまとまらず、困りはてて私の事務所へあらためて相談することになった。

程度は違えど、こんなケースは意外と多くある。住宅の断熱性能や耐震性能、設備機器の進歩など考えずに、昔ながらの家相の考え方だけで吉凶判断されたのではたまったものではない。**家相学は、常に最新の情報を精査して、必要なものを取り入れ不要になったものを消去することで成り立つ学問**と考えてほしい。

ただし、だからといってすべて効率優先で割り切れるものではなく。**鬼門など時代を超えて大切にしなければいけない部分**もある。つまり、**家相学は、時代とともに進化する部分と時代を超えて継承していかなければいけない部分がある**と理解してほしい。

ヒント3

家相だけではなく、地相も大切

家相学は運勢を上げるために大切な学問だが、幸運を呼びこむために同じぐらい大切にしてほしいのが地相だ。地相に恵まれた土地の建物と地相の悪い土地の建物では、それこそ雲泥の差がある。**土地のエネルギーに恵まれることは、開運事務所にも欠かせないポイント**だ。

地相の良い土地とは、明るく、さわやかでエネルギーが高い土地。一方、地相の悪い土地は、暗く、重たくて、とにかく元気がない土地。こんなイメージだと思う。皆さんが土地やテナントを選ぶときには、次の点に注意してほしい。

① 持ち主や使用者が頻繁に変わる土地
② 事故や事件があったワケありの土地
③ 道路からみて低くなっている土地
④ 高圧線の直下の土地
⑤ 道路が突き当たっているドンタクの土地
⑥ 三角地など極端に変形した土地

などがあげられる。

持ち主や使用者が頻繁に変わる土地、事故や事件があったワケありの土地など、地相の悪さがトラブルの原因になっているケースもあるし、道路から下がっている土地や高圧線直下の土地は、土地そのもののエネルギーが低い。ドンタクの土地とは、道路に道路が突き当たっている土地のことで、こんな土地もアクシデントが置きやすいと昔から敬遠されている。**土地は本来、東西に長い長方形が最良の形といわれている**ので、三角形など極端に変形している土地も運気が悪くなる。土地は器なので、器がしっかりとした形をしていないと、福もこぼれ落ちてしまうのだ。

今まで全国各地で数多くの土地を鑑定してきたが、本当の土地の価値は、利便性や価格だけでは決められないと思う。利便性に優れた人気の高い地域のテナントビルでも、まったくはやらず、テナントがすぐに撤退してしまうものもある。いろいろ調べてみると、地相に影響があることもあるのだ。

土地の価値は値段だけでは決められない。確かに、地相の良い土地は価格も高いことは事実だが、値段が高く利便性が良くても、使ってはいけない土地もある。開運事務所を目指すのであれば、まずは、しっかりとした地相の土地をチェックすることから始めてほしい。

ヒント4

開業時期も大切なポイント

運気を上げるためには、小さなことでも、コツコツと積み重ねる方法がおすすめだ。何気ないことでも丁寧に積み上げることで、大きな幸運をつかむことができる。毎日「ありがとう」という言葉を口に出して、まわりに感謝の気持ちを表している人と、人の悪口ばかり面白おかしく話している人は、結果が違って当たり前だ。

開運事務所を実現するためにも、やはり、開業時期や移動方位も大切で、これを吉とすることでチャンスを逃すことがない。

まず、**開業時期については、経営者の生まれ星で判断をする**。巻末の資料「十干・十二支・九星方位早見表」を確認してほしい。これを見れば、自分の方位がわかるはずだ。表の上段に一白水星から九紫火星まであるのが九星方位。すべての人は、自分の生年月日によってこの九星方位が振り分けられている。たとえば、私は昭和35年の生まれなので、九星方位は四緑木星になる。左から4列目の四緑木星のところを順に見ていくと、昭和35年の欄に「庚子」とあるはずだ。庚というのが私の十干で、子というのが十二支のこと。つまり、私は庚子の年に生まれ、九星方位は四緑木星ということになる。開業方位はこの九星方位を使うのだ。

次のページにある平成28年の九星方位盤を見てほしい。表の真ん中に二黒とあり、北が七赤、北東が五黄と各方位に九星の位置が示されている。運気は波のように上下するので毎年変わり、平成28年は七赤金星の運気が一番底で悪くなる。つまり、平成28年はこの七赤金星生まれの人が要注意で、何も考えずに独立や開業を行うと結果が心配だ。思わぬアクシデントに襲われやすいので、対策が必要だと思う。平成29年は六白金星生まれの人、平成30年は五黄土星生まれの人と1年ごとに運気は変わっていくので、事前にこの吉凶を知っていれば、最悪の時期を避けて独立や開業の計画を立てることも可能なはずだ。

最悪の時期なのに独立や開業を計画してしまった方は、何とか計画の変更を考えてほしいと思う。もし、どうしても変更が難しい場合には、状況に合わせて改善策を提案するので、私に相談してほしい。

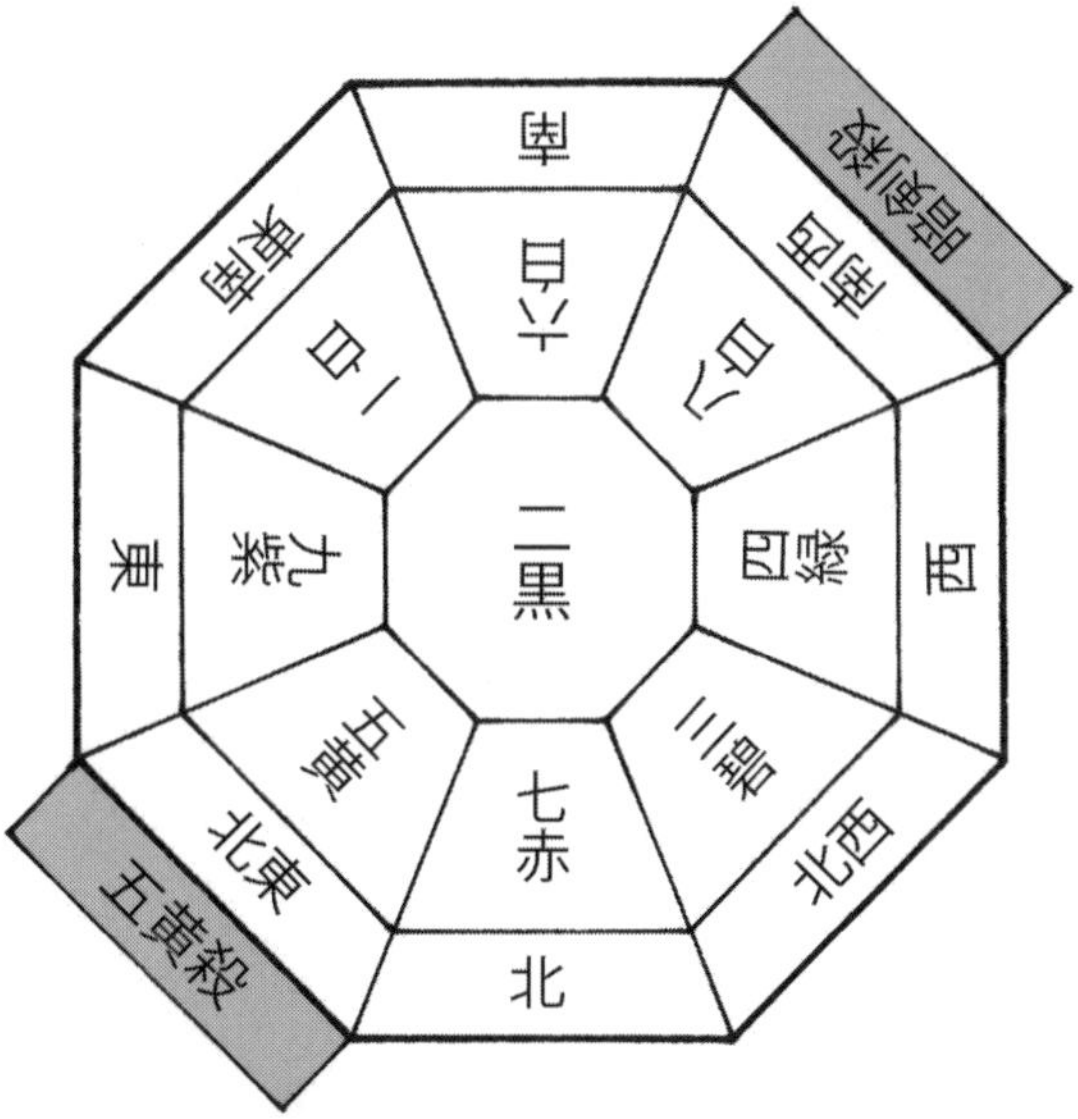

平成28年度九星方位盤

ヒント
5

移動方位も大切なポイント

開業時期と同じように、移動方位も考慮して福を重ねることも大切なポイントだ。**移動方位とは、主に自宅の移動や事務所の移動に活用するもの**で、これも年ごとに吉凶が変わる。巻末の資料「移動方位の吉凶表」を使って、詳しく説明したい。

平成28年の表を見てほしい。上の表は年度の凶方位（五黄殺・暗剣殺）を示し、下の表は月度の凶方位（五黄殺・暗剣殺）を示している。つまり、平成28年度は、北東方位と南西方位への自宅の引越しや開業などを避けてほしいということ。まずは、この年度の凶方位を避けることが一番大切だ。そして、下の表にある月度の凶方位もそれぞれ避けてほしい。年度と月度の凶方位を併せて避けることで、移動方位の影響でこうむるマイナスを避けることができるからだ。

最悪のケースは、平成28年の6月度に北東か南西に引越しや開業をすること。6月度は月度の凶方位も年度と同じく北東方位と南西方位になるので、2つの凶方位が重なり、まさに最悪になってしまう。ただ東方位への開業は、年度の方位は問題ない。ただし、7月度や11月度は月の凶方位が東と西方位なので、この月度を避けなければいけない。ちなみに、月の始まりが1日ではないのは、運命学では立春や啓蟄など二十八節気を基準にしているためで、この節ごとに月度が変わる。1年の始まりも立春なので、運命学上では、平成28年の1月生まれの人は、前年の平成27年度の生まれとして考えるのが正しい。どの運命学でも、すべて、**1年の始まりを立春と考えるのは、運命学の基本中の基本**。このことはしっかりと覚えていてほしい。

また、何をもって引越しや開業というのかについても説明したい。家具を1つでも運び込めば引越しや開業をしたことになるという考え方もあるが、これは正しくない。形だけ整えても意味はないのだ。**引越しとは、その家に住む人間が生活を始める最初の日で、寝泊りしなければ引っ越したことにはならない。開業も、実際の業務が伴わなければダメで、仕事を始めた最初の日を指す。**まさに、はじめが肝心ということ。しっかりと計画して、年度も月度も凶方位を避けて、自宅の引越しや開業をしてほしい。

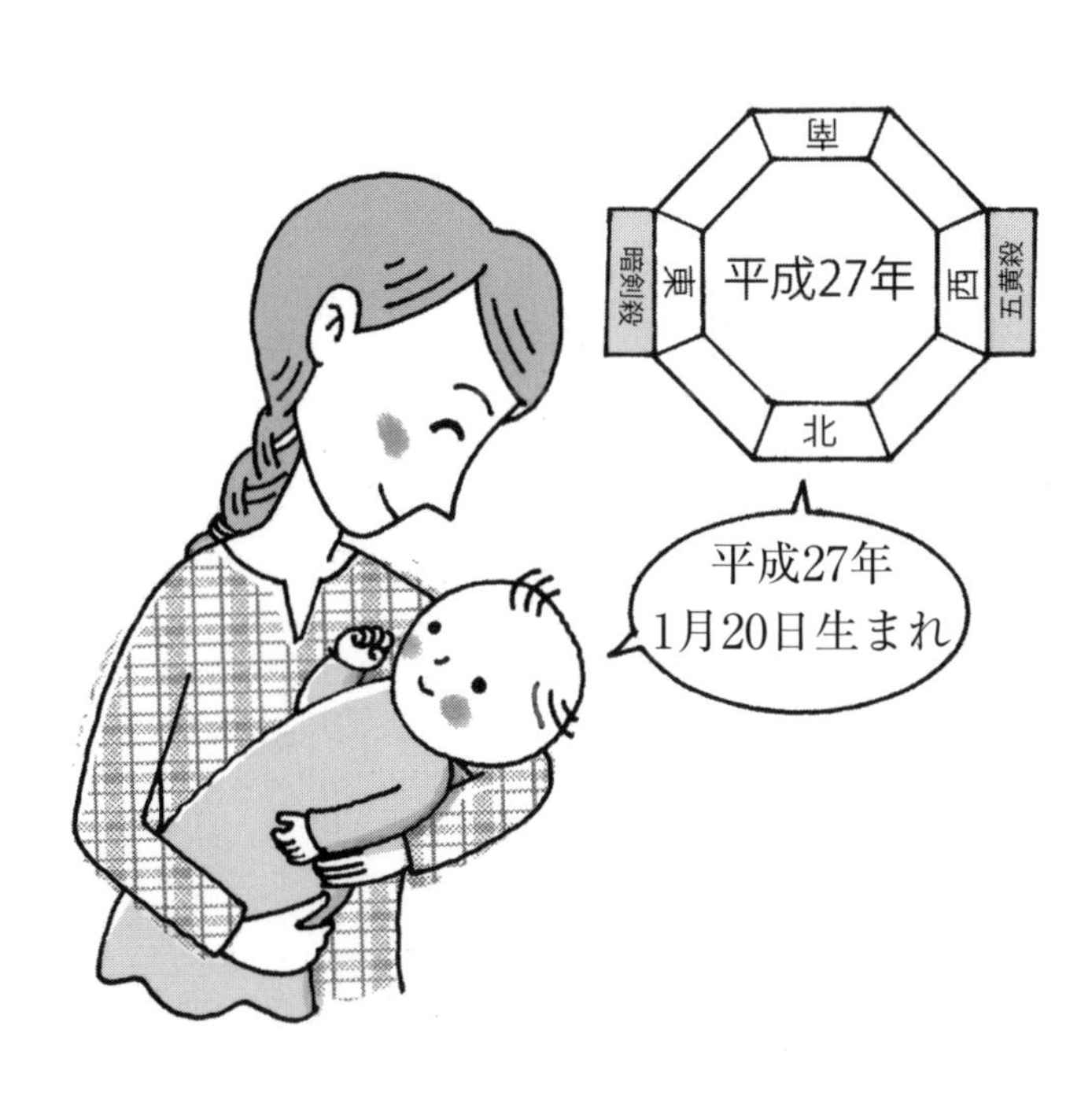

ヒント6

正しい「磁北」で正確に判断する

家相は自然との約束事なので、磁石が示す磁北を基準とすることは、すでに説明をした。地図上の北である真北を基準とする家相の流派もあるが、これは正しくない。

ここでは、正しい磁北を知る方法などについて説明したい。方位磁石を使って自分で磁北を測るときには、次のような注意が必要だ。

方位磁石は直接地面には置かず、地面から1メートルほど離すこと。直接置いてしまうと地磁気で磁石が狂ってしまう。周囲にも気をくばり、近くに高圧線や線路がないかも確認してほしい。磁石は直接手で持たず、厚めの雑誌などに置いて、何度か繰り返し測りながら、できるだけ正確に求めてほしい。室内の場合も基本的には同じで、床などに直接置いてはいけない。壁内に金物がある場合も多いので、壁からも離してほしい。また、和室は比較的磁石が狂わないので、和室で測ることがおすすめだ。

専門家に依頼して正しい磁北を知ることもできる。測量士に依頼すれば、すぐに正しい磁北を測ってくれるはずだ。専門家なら、真北も磁北も正しく測ってくれるので、正しい真北がわかれば、次のページにある国土地理院のデータ「西偏差角度表」を使って西偏し、磁北に変換すればよい。偏差の角度は、東京なら7度、日本国内で4度から10度程度のずれがある。

北を示す図面と言えば、測量図や公図があるが、この図面に表示された北が、真北なのか磁北なのかがわかりにくい。単純に矢印だけで表示され、ほとんどの図面に真北とか磁北とか、あるいは、何を基準としてこの北を表示したのか理由も書いてない。

そのまま鵜呑みにせず、表示された北が正しいのかどうかの確認も必要だ。ひどいケースでは、真北と表示されていたのが間違いで、本当は磁北であった事例や、まったくの誤表示で、図面に示された北が45度も間違っていた事例もあった。

家相の知恵を正しく活用するためには、正しい北を知ることが欠かせない。これを怠ると開運事務所は実現できないと思う。

西偏差角度表

稚内	10.10	千葉	6.50	津	7.00	徳島	7.00
札幌	9.20	横浜	7.10	大津	7.20	高松	7.10
青森	8.20	東京	7.00	京都	7.20	松山	6.50
盛岡	8.00	新潟	8.10	大阪	7.00	高知	7.00
秋田	8.20	富山	7.40	神戸	7.10	福岡	7.00
仙台	8.00	金沢	7.40	奈良	7.10	佐賀	6.50
福島	7.30	福井	7.50	和歌山	7.00	長崎	6.30
山形	7.20	甲府	6.10	鳥取	7.40	熊本	6.30
水戸	7.00	長野	7.20	松江	7.40	大分	6.50
宇都宮	7.20	岐阜	7.20	岡山	7.20	宮崎	6.10
前橋	7.20	静岡	6.40	広島	7.10	鹿児島	6.30
さいたま	7.10	名古屋	7.10	山口	7.00	那覇	4.40

国土地理院「磁気偏角一覧」2010年値

ヒント7

中心の位置を正確に知ることが大切

武術の達人は、自分の体の中心がどこにあるのかを理解しているので、すべての動きに調和がとれているという。**建物も同じで、中心がどこにあるのかを知ることはとても大切**なのだ。

家相学では、建物の中心は重心と同じ、四角形なら対角線の交点が重心であり、中心になる。家相はシンプルを吉相と考えるので、**基本的には凸凹がなく、長方形などのシンプルな形を基本**とする。凸凹がある場合には、その部分もすべて含めて中心を出さなければならない。家相の流派には、「小さな凸凹はないものとして中心を出す」などと強引な考え方もあるので間違わないでほしい。必ず、すべて含めて中心を求めなければいけないのだ。

建物やテナントに凸凹がある場合には、その図面を厚紙に張り、形どおりに切り取ってコンパスの針や千枚通しのようなものでバランスを取る。このバランスの取れた点が正しい中心になる。

戸建ての場合には、玄関ポーチや出窓、ウッドデッキなどは建物に含めないが、北国に多い風除け室のように囲んであるものやサンルームなどは建物の一部として考えるで、この点にも注意が必要だ。

2階建て・3階建ての場合でも、建物の中心は大地に根を下ろした1階で判断をする。つまり、2階以上の家相も1階の中心から判断をするのが正しい。基本的には、**戸建ての場合には1階の中心からすべての階の家相を判断するのが正しい**のだ。

ビルなどのテナントの場合には、自分たちが使用する専有部分の面積が基準となる。使用する階を1社のみで使用する場合には、階段やエレベータなどの共有部分をすべて含めて中心を出すのが基本。**複**

数の使用者がいる場合には、共有部分は含めずに専有部分だけで中心を出すことになる。マンションなどで事務所を開業するときも、自分たちの使用する専有部分で判断すればよい。

方位というのは、中心点から放射線状に広がるものなので、すべての方位の要がこの一点に集約されている。極端なことを言えば、この中心点を侵してしまえば、すべての方位を侵すことと同じなのだ。中心を正しく知ることは、開運事務所の実現にどうしても必要だ。

ヒント8

方位盤の活用のしかた

家相の知恵を正しく知るためには、方位盤の活用が欠かせない。方位盤とは、家相を正しく判断するための道具で、そのために全方位360度を45度ずつ八方位に分け、北・北東・東・東南・南・南西・西・北西に区分している。これが一般的に方位といわれる「八方位」だ。

この八方位を家相学では、さらに細かく分類する。子・丑・寅・卯・辰・巳・午・未・申・酉・戌・亥の「十二支方位」と、甲・乙・丙・丁・戊・己・庚・辛・壬・癸の「十干方位」（ただし戊・己は除く）に巽・乾・艮・坤を併せた総数24で分類したものを「二十四山方位」と呼ぶ。

全方位を24に分けるので、1つの方位は15度ずつ、八方位の1つは45度なので、1つの八方位をさらに3つに分類していることになり、この分類を示しているのが次のページの「二十四山方位盤」だ。

方位盤の一番外側が24に分かれていて、そこに子・丑・寅や甲・乙・巽などと表示されているが、これが十二支と十干方位になる。

その内側も8つに分類されていて、北の45度を一白水星、北東を八白土星、東を三碧木星、東南を四緑木星、南を九紫火星、南西を二黒土星、西を七赤金星、北西を六白金星、そして中央部は五黄土星と呼ぶ。この9つで分類したのが「九星方位」だ。

そして、北と南、東と西の真ん中を貫く線が「正中線」、東南と北西の真ん中を貫く線を「四隅線」と呼ぶ。

家相学では、北東の45度の範囲を「表鬼門」、南西の45度の範囲を「裏鬼門」と呼び、この鬼門方位の真ん中を貫く線を「鬼門線」と呼ぶ。

家相の吉凶判断は、建物やテナント部分の図面を用意して、その中心を正しく求め、次に、方位磁石が示す正しい磁北を求めたら、その図面の中心に方位盤の中心を重ね、磁北に北の正中線を合わせて求める。どの方位に建物の何が配置されているかで、家相の吉凶が決まるのだ。

この吉凶判断の方法はこれから詳しく説明するが、そのためにはこの方位盤の構成や使い方を知っていなければならない。方位盤を使いこなしてこそ、家相の知恵も活用できるからだ。

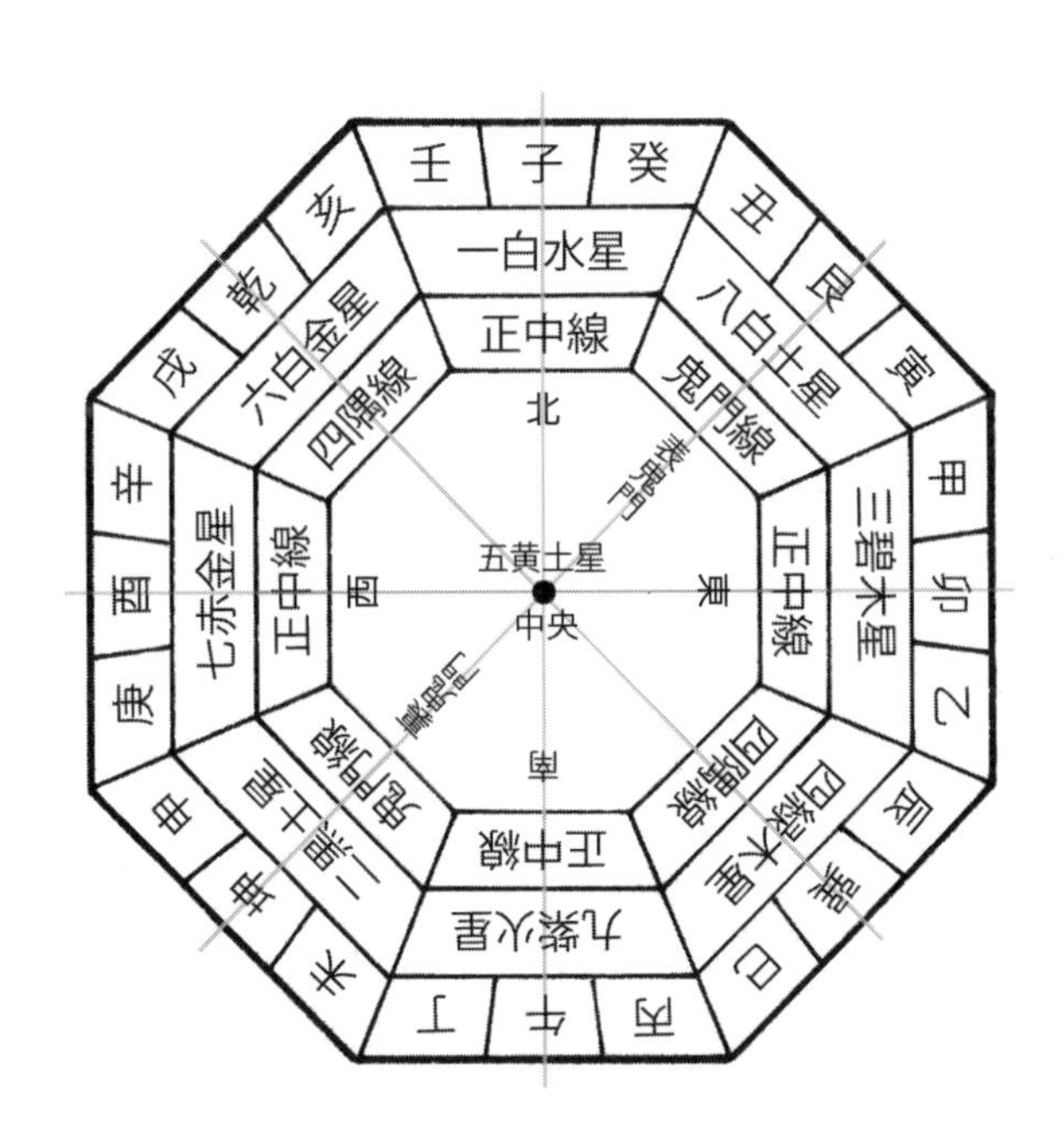

ヒント9

鬼門方位の扱いかた

建物や専有面積の中心からみて、北東の45度の範囲を表鬼門、その反対にある南西の45度範囲を裏鬼門と呼ぶ。この鬼門は、家相学の中でもっともポピュラーで、日常会話の中でもさりげなく「あそこの場所は鬼門で、行きたくないな」などと使われている。この**鬼門の扱いはとても重要だ。**

家相学を含めて、**すべての運命学の基本は陰陽道にある**といっても過言ではないが、この陰陽道の基本的な考え方は、世の中のすべてのものを相反する2つのものに分類するというもの。たとえば、生と死、明と暗、昼と夜などである。家相学では、建物や専有面積を正負2つの方位に分けているが、**マイナスの方位の代表格がこの鬼門方位だ**と思ってほしい。このマイナスの方位をうまく扱うことによって、事務所そのものの運気を上げることができる。

もっともいけないのは、マイナスの方位にマイナスのものを配置してしまうこと。家相学上では、ガスレンジなどの火気やトイレなどの水まわりの位置がポイントになる。簡単に言えば火や水に関するものはマイナスなので、鬼門方位に置かなければよいということになる。

もう1つは出入り口だ。玄関や出入り口は建物や専有部分の顔なので、プラスの方位に配置したい。鬼門などのマイナス方位に出入り口を設けてしまうと、悪いものばかり入って、良いものだけがどんどん出て行ってしまうつまらない事務所になってしまうからだ。出入り口については、40ページの部分でさらに詳しく説明したい。

また、鬼門の方位には、社長室など経営者など重要な人間の執務室を設けることも避けたい。金銭を管理する経理や総務などの事務部門も避けてほしい。会社の幹部と金銭を管理する以外の部署については、レイアウトなど工夫すれば特に問題はない。**鬼門だからといってすべてダメなのではなく、向き不向きがある**と理解するのが適当だ。

鬼門方位の部分を経理などの事務スペースから営業部のスペースにレイアウト変更して、業績が好転した事例もある。その会社では、営業社員は朝と夕方以外はほとんど外回りだったので、効率よくレイアウトを変更することができたのだ。優先順位を考えて、鬼門方位を会議室や休憩スペースに変更した事例もあるので、参考にしてほしい。

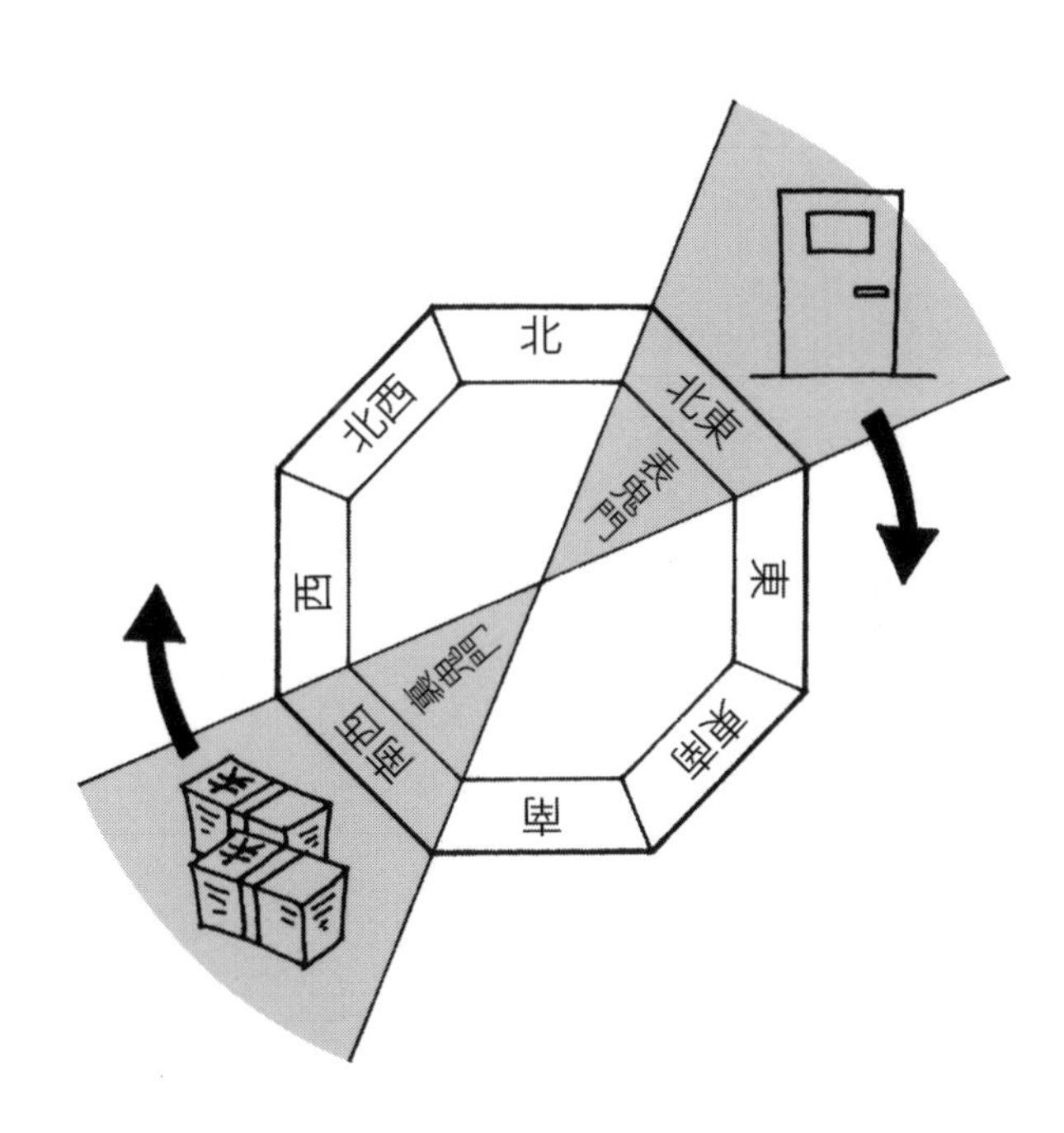

ヒント10

十二支方位の活用のしかた

鬼門方位は誰に対しても危険でマイナスの方位だが、もう1つ重要な方位は十二支方位。こちらは、個人ごとにそれぞれ違い、人によって大切にする方位が異なっている。家相学をしっかり活用するためには**誰に対しても危険な鬼門方位と、個人によって吉凶が異なる十二支方位の2つを併せることが大切**なのだ。

私は昭和35年生まれなので、十二支は子年となる。子年生まれの人は、北の真ん中の部分、つまり、北の正中線を中心にして東西に7.5度ずつ、合わせて15度の範囲が子方位なので、ここが自分の十二支方位になる。皆さんも、巻末の「十干・十二支・九星方位早見表」と「二十四山方位盤」を使って、ご自分の十二支方位がどこなのかを把握してほしい。その方位も、鬼門と同じようにガスレンジなどの火気やトイレなどの水まわり、玄関などの出入り口を設けてはいけないのだ。

自分の十二支方位には、火気や水まわり、出入り口を配置すると凶相になるが、自分の居場所として使えば、吉相にすることもできる。たとえば、私のような子年生まれの人は、その方位に自分の執務室を設けると仕事の効率も上がり、やる気も出る。また、重要な顧客との打ち合わせなどにも活用できる。つまり、**十二支方位は怖がるだけではなく、積極的に活用することが可能**なので、この点は鬼門方位とまったく違うのだ。

また、辰年・巳年・戌年・亥年生まれの人は、特に注意が必要だ。この生まれ年の人は、それぞれ東南や北西方位に自分の生まれ星があるが、この東南方位と北西方位は、マイナス方位の代表でもある鬼門方位と正反対で、まさにプラス方位の代表的なもの。そのため、昔ながらの家相では、火気や水まわりから玄関などの出入り口、階段から何から何まで、この東南と北西方位に配置すれば無難とされていた。しかし、**今ではこの考え方があらためられ、東南の辰方位部分に火気や水まわり、玄関などの出入り口を配置すると辰年生まれの人に凶、巳方位の部分なら巳年生まれに凶、戌方位は戌年生まれ、亥方位は亥年生まれに凶とするのが正しい。**

この十二支方位の扱いかたも家相の進化の1つ。しっかりと活用してほしい。

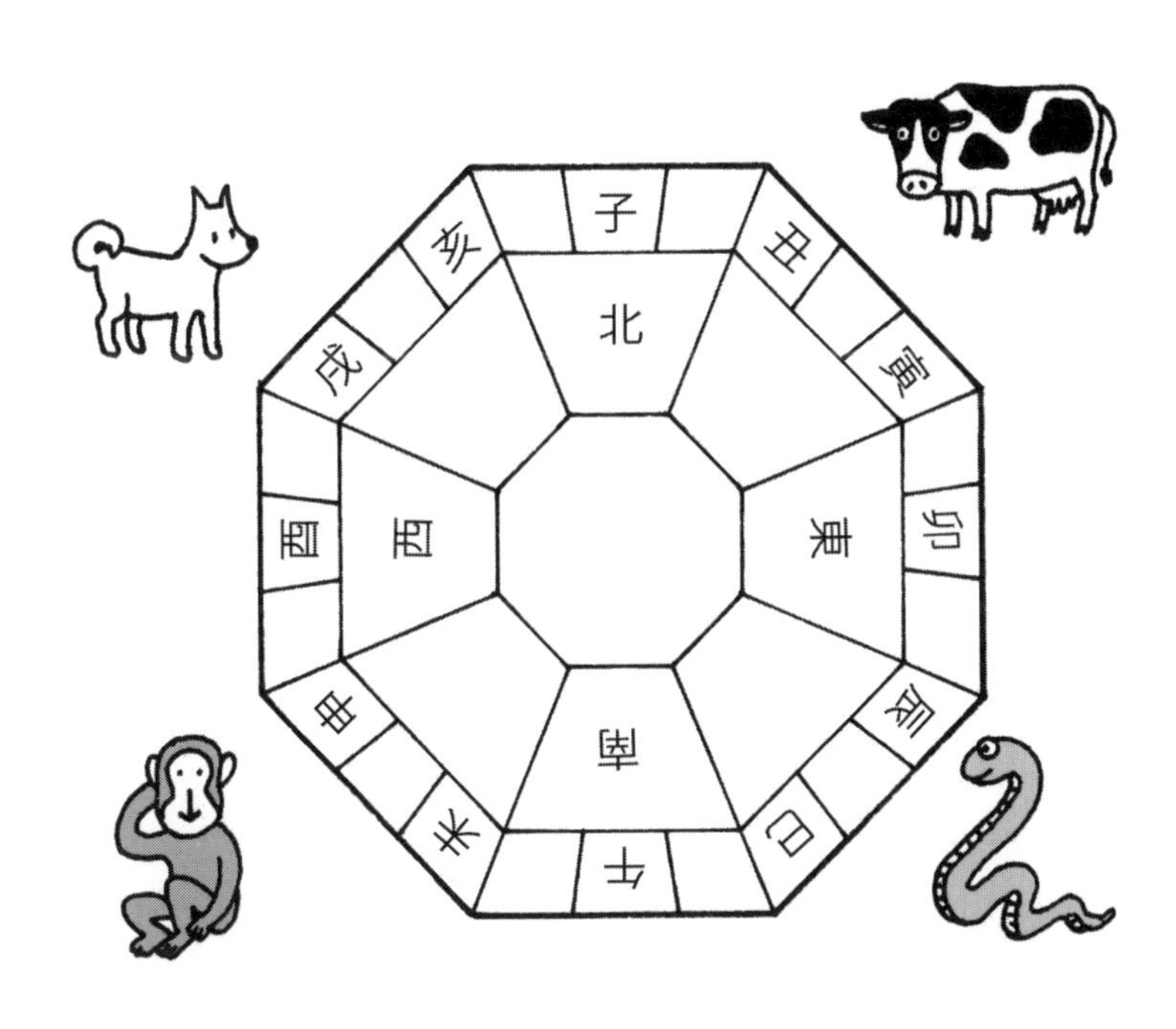

ヒント11

九星方位の活用のしかた

鬼門方位と十二支方位はとても大切な方位なので、その特性などを理解してうまく活用してほしいと思う。そして、もう1つ、九星方位についても説明したい。

九星方位についても、巻末の「十干・十二支・九星方位早見表」と「二十四山方位盤」を使って、自分の方位を確認してほしい。この2つの資料から昭和35年生まれの私の九星方位は四緑木星。四緑木星は東南方位を指すことがわかると思う。つまり、すべての人は9つある九星方位のどれか1つを、自分の方位として必ず持っているということ。まとめると、**誰に対しても危険な鬼門方位と、個人的に注意しなければいけない十二支方位と九星方位、併せて3つの方位がある**ということになる。この3つの方位の扱いかたで、家相の吉凶が大きく変わるのだ。

九星方位の使い方としては、自宅で言えば部屋割りに使うこと。たとえば、一白水星の人は北方位に寝室を設けることが吉となる。二黒土星の人は南西方位、三碧木星の人は東方位が吉となる。事務所なら、自分の執務室とすることがよい。自分の九星方位で長い時間執務するようにすると効率もよく集中力が増すはずだ。

鬼門方位や十二支方位のように、ガスレンジなどの火気やトイレなどの水まわり、玄関などの出入口を配置すると凶相になることはない。これが他の2つの方位と違っている点なので、しっかりと覚えてほしい。

しかし、家相の流派の中には、この九星方位も鬼門や十二支方位と同様に火気や水まわり、玄関などを配置しては凶相とするものもあるが、これは正しくない。十二支方位は15度の範囲を指すが、九星方位は45度もある。2つの鬼門で90度、十二支方位で15度、それに加えて九星方位の45度まで考慮して、本当に良い間取りができるのか疑問だ。

鬼門には鬼門の扱いかた、十二支方位には十二支方位、九星方位には九星方位それぞれの扱いかたがある。その違いを理解して、開運事務所に活かしてほしい。

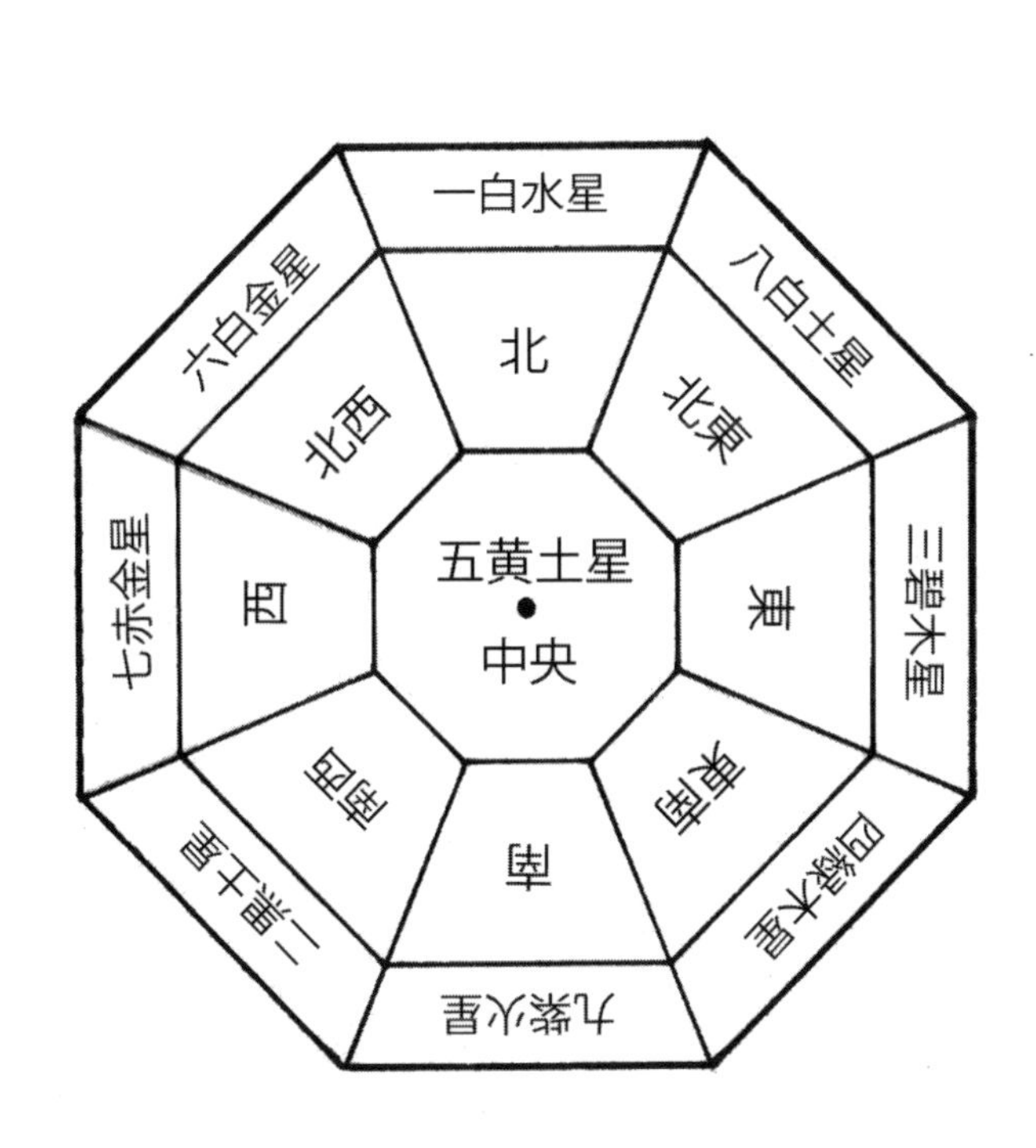

ヒント12

運気を上げるポイント『建物の構え』

　家相学では、大きく2つの福を得る方法が示されているが、その1つは運気を上げること。成功の秘訣はもちろん努力にあるので、努力なくして成功は得られないが、運に恵まれなければ、努力も無駄になってしまう。たとえば、水がほしくて一生懸命井戸を掘り続けたとしても、そこに水源がなければいつまでたっても水を得ることはできない。運に恵まれた人は、必ず、水源があるところを掘り、不運な人は水源がないところを掘り続けることになるのだ。

　運気に恵まれるポイントの1つは建物の構え。**建物の形がとても重要で、これを整えることが運気を上げる**ことに直結する。平面的には、長方形などシンプルな形が良い。建物の一辺に対して、全体の3分の1程度の出っ張りであれば吉相の「張り」となるが、これよりも大きな出っ張りや、多数の出っ張りがあると凶相になってしまう。また、建物や専有部分の中心から観て、北東の表鬼門と南西の裏鬼門に限っては、「張り」であっても吉相にならず、凶相になってしまうので注意してほしい。この鬼門方位に大きな「欠け」を設けてしまうと大凶相。努力が報われず、開運事務所とはかけ離れた事務所になってしまう。

　平面的な「欠け」よりも危険なのが立体的な「欠け」で、たとえば1階部分をすべて駐車場にしているテナントビルやマンションもあるが、これは立体的「欠け」となり凶相になる。1階部分に柱しかなく、車の出入りのため周囲を囲む壁もない。この形から「下駄履きの家相」といわれ、昔から「あんな建物はすぐに倒産するぞ」と「倒産の家相」とも言われるほどだ。建物の構造的にも弱いので、震災で大きな被害が出たのもこの建て方。いろんな意味で運気が悪い。

1階部分よりも2階・3階がはねだした建物も立体的な欠けとなり凶相。**建物は大地に根を下ろす1階が一番広く、上の階ほど小さくなっていくのが吉相。**家相学上では、お城やピラミッドなどの形が最良とされている。

構えが良く、形の良い建物や器には、それに見合う価値のあるものが集まってくる。形を整えることが幸運を引き寄せるのだ。

ヒント
13

運気を上げるポイント『玄関・出入り口』

運気に恵まれるもう1つのポイントは、玄関や出入り口にある。住まいで言えば玄関は家の顔。開運事務所でも玄関や出入り口の方位はとても重要なのだ。

まずは、これだけは避けてほしいポイントを説明する。建物や専有部分の中心からみて北東の表鬼門と南西の裏鬼門の範囲に出入り口があるものは凶相。北東の表鬼門にある出入り口は、人間関係のいざこざが多い。社内での派閥争いや有望な幹部社員の独立、女性関係のトラブルなどドロドロした問題が起こりやすい。南西の裏鬼門の出入り口は、金銭関係のトラブルが多い。経費の使い込みや詐欺まがいの投資話など、いかにも濡れ手に粟のような話に振り回されることになる。どちらにしても、鬼門方位に出入り口のある建物などは、必ずと言ってよいほど思わぬアクシデントが起きるので、避けたほうが無難なのだ。

経営者の十二支方位に配置された出入り口も、鬼門方位の出入り口と同じようにトラブル続きとなる。**最低限、鬼門と経営者の十二支方位に配置された出入り口は、事前に避けてほしい。**これも大切だ。

玄関や出入り口がくぼんでいる建物やテナントがあるが、これは、家相学上、おすすめできない。外と内の狭間でもある玄関は、くぼみなどをつけてしまうと陰にこもって運気が落ちる。**本来、玄関や出入り口は外に向かって張り出しているのが最良**だ。吹き溜まりのような暗くてじめじめした出入り口からは、幸運は入ってこない。やはり、明るくて清潔でなければ開運事務所とは言えないだろう。以前、こんな実例があった。東京に本社がある出版関係の会社が、関西に支店を出すことになり、私にその候補地のテナントビルの鑑定依頼があったのだ。その候補は5階建てのテナントビルの3階部分だったが、現地に出かけて鑑定をすると、何か引っかかるものがあった。事前の図面鑑定では、使用する部分の形も出入り口の方位も問題なく、安心していたのだか感触が悪い。よくよく調べてみると、そのテナントビルのメインエントランスの上部にトイレが設置されていることがわかった。大切な出入り口の上部にトイレなどの水まわりがあるのは凶相で、建物全体の運気も悪くなってしまう。結局、この物件の契約はあきらめたが、後日、もっと良い物件を契約することができた。

ヒント14

火気や水まわりなどの不浄物

家相学では、ガスレンジ、給湯器などの火気やトイレ、浴室、浄化槽といった水まわりの方位も大切にする。**火気や水まわりの方位は、その建物に住む人や事務所などで働く人たちの健康を大きく左右する**からだ。

特に、火気の扱いには注意が必要だ。火気の凶意は主に、人間の精神や頭部の病に出る。軽いイライラやちょっとした頭痛程度で済めばよいが、精神的な病や脳腫瘍、脳梗塞など、命に関わる病につながるケースもある。事務所の火気の方位が悪いと、病に出なくても、経営者や責任ある立場の人間が正しい判断を下せないとか、単純ミスの多発から考えられないような大きなミス、経営者と社員との関係の悪化など、精神的な不安定さが原因でトラブルが起きてしまうのだ。

以前、相談を受けた実例だが、事務所の火気の位置が悪くて、トラブルが起きたケースがあった。建築関係の会社の経営者からの相談だったが、業績も好調で社員の数も増え、念願の自社事務所を新築することになった。そこで、事務所の一室にかねてから希望の炉辺を設け、そこで社員を集めて飲食をしていたという。ところが、それからまもなくして、その経営者と社員との関係が悪化、炉辺で労をねぎらおうとしても、社員から出てくるのは後ろ向きのことばかり。家相のことが気になって私の事務所に相談に訪れたという。図面をみると、その炉辺の方位が悪い。南西の裏鬼門に配置されていたのだ。炉辺の位置を南西からずらすことと、そのほかにもいくつか改善点を指摘してアドバイスを終えたが、その後、「大きなトラブルもなく、社内も落ち着いた」

いう経営者からの連絡があり、私もほっとした。

火気に関しては、建物や専有部分からみて北東の表鬼門や南西の裏鬼門方位には設置してはいけない。経営者の十二支方位と北の子方位や東南の巽方位、北西の乾方位も避けてほしい。

トイレなどの水まわりについては、鬼門方位については避けたほうが無難だ。特に、当直など宿泊を伴う事務所なら、家相の影響が強くなるので火気と同じように十分注意してほしいと思う。

ヒント15

経営者は建物の中央部を大切にしたい

方位にはそれぞれの特性もあり、その特性を活かした扱いかたをすることで、幸運を招くこともできる。経営者にとっては、財産や金銭をつかさどる北西方位も大切だし、信用を大きくするためには東南方位の扱いがポイントになる。すべての方位をうまく使いこなすことが理想だが、現実にはなかなかそうもいかない。そこで、**経営者には、建物や専有部分の中心点、中央部を特に大切にしてほしい**。

中央部とは、建物や専有部分の中心点から半径2メートルほどの範囲を指すので、ここを大切にしてほしいのだ。この中央部に吹き抜けを設けてはいけない。**現在の事務所の中央部に吹き抜けがある場合には、要注意**。早めの対処が必要だ。これから事務所の移転や新築を考えている経営者の皆さんにも十分に注意してほしい。

吹き抜けそのものは方位と大きさを考えれば特に問題はないので、私もプランニングの際に活用しているが、中央部には絶対に設けることはしない。

以前、大阪から私の事務所まで相談に訪れた会社の取締役から、社長の体調について相談を受けたことがある。その社長は、2年ほど前に自宅の新築と本社ビルの新築を同時に行い、現在は手術のため病院に長期入院中とのこと。本人が私の事務所まで来ることができないので、この取締役が代理で訪れることになった。地元の家相家に相談もしたらしいが、ほとんどは社長の考えどおりに設計を進めたという。自宅の図面を確認すると、家の中央部に階段があった。これは「中央階段の家相」という大凶相で、特に一家の主である家長に影響が出やすい。階段も吹き抜けと同じように、家の中央部には絶対に設けてほしくない。

本社ビルの図面を確認すると、こちらもビルの中央部に吹き抜けがある設計だった。おまけに、その経営者は中央部と関連が深い五黄土星の生まれで、これでは、自宅と本社ビルの中央部の凶意がまともに出てしまう。しかし、すでに建ててしまったことなので、根本的な解決策はとることもできず、私も頭を抱えてしまった。

事務所の中央部には火気や水まわりも厳禁だが、吹き抜けや階段も絶対に設けてほしくない。そんな間取りの事務所やテナントを選んでもいけないのだ。

ヒント16

外回りの家相も大切

家相というと、建物の間取りなど内部のことだと思われるようだが、**内部だけではなく、外回りの家相も大切**にしてほしい。自宅で言えば、門扉などのアプローチ、駐車場や車庫、浄化槽や汚水管の配管経路などで、私も、住宅の設計の際には、間違いのないように図面に指示するように心がけている。

事務所に関わる外まわりの家相と言えば、アプローチの方位が重要だ。次ページのイラストを見てほしい。これは敷地の中に駐車スペースをとったテナントビルだが、建物の南西方位、裏鬼門に駐車スペースが取ってある。建物のメインエントランスは北西方位に配置されているので何の問題もないが、駐車スペースに車を置いた人たちは、南西の裏鬼門からアプローチすることになってしまい凶相なのだ。こんなケースはとても多く、自宅の家相でも多くある失敗といえる。

こんなときには、南西から直接エントランスにアプローチせず、**いったん敷地の外に出るなどして南西方位を避け、西方位や北西方位からアプローチしなおすのが正しい**。あえて遠回りすることで、凶相を避けることもできるのだ。

都市部には少なくなったが、今でも敷地の中にお稲荷様や竜神様などのお社を祀ってあるのを見かける。東京の中心部にも、ビルの屋上にお稲荷様をお祀りしているビルは多い。中には、屋上のお社から地面までパイプを通し、その中に土をつめて地面とお社をつなぐ工夫もある。元は地面にお祀りしてあったお社だが、仕方なくビル建築をしなければならず、苦肉の策で実行されたのだと思う。しかし、**本来は一度お祀りしたお社は、人間の都合で移動し**

てはいけない。勝手に動かしてしまうと、それ相応の障りを受けることになる。どうしても移動などしなければいけない事情が出たときは、**神官を招き御神事を執り行わなければならない**。神官の指示に従い、失礼のないように取り組んでほしい。

井戸の扱いについても、取り決めがある。井戸を新たに掘るにしても、埋め戻すにしても、必ず、御神事を執り行うこと。そして、**水が枯れていない井戸を埋め戻した場合は、3か月から6か月、長くて1年間は井戸のあった場所に建物を建てることは控えること**。これも大切なことなので、必ず実行してほしいと思う。

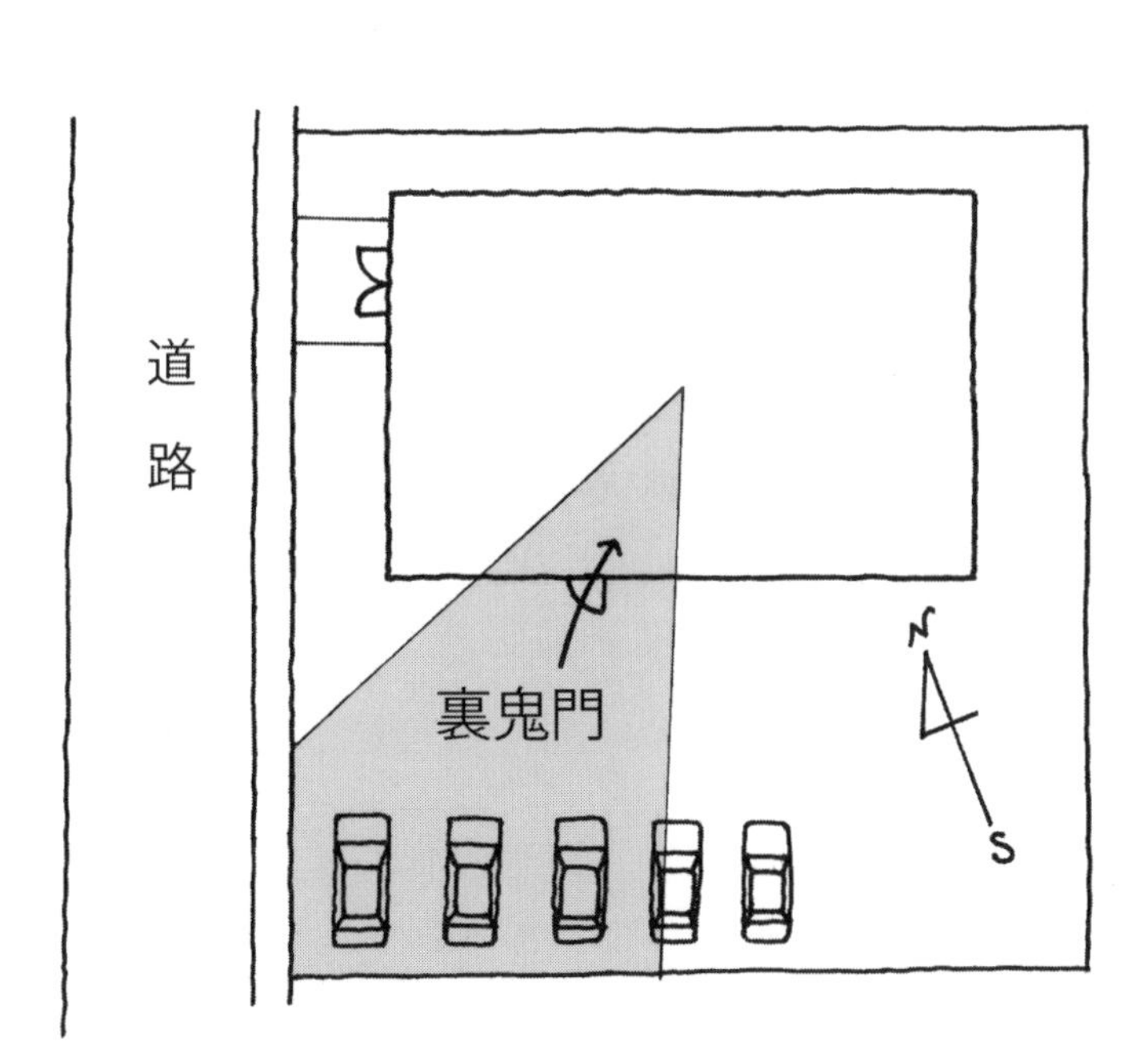

ヒント17

経営者は自宅の家相も大切にしたい

私も経営者として事務所を構えているが、もちろん、地相も家相もすべてにこだわり、施主や相談者の方々に少しでも喜んでいただけるように努力をした。私の場合は出張も多いので、事務所に常駐しているわけではないが、1日の大半の時間を事務所で過ごすこともある。ただし、どんなに忙しくても事務所に泊まりこむことはない。事務所は仕事をする場所であって、寝る場所ではないからだ。もし、事務所に寝泊りするなら、それにあった家相に変更しなくてはならないだろう。

私の自宅も、地相も家相もすべてに気を配ってあるが、それは、当たり前のこと。運命学では「人間の魂は寝る場所に宿る」といわれているので、**すべてのことは自宅を基点に考えるのが基本**。1日のほとんどを会社で過ごす経営者であっても、運命学の基点はあくまで自宅となる。魂の宿る場所として考えれば、自宅を大切にするのは当然のことだと思う。

住宅事情もいろいろあるので、すべての経営者が100坪の敷地に50坪の自宅を建てることは無理だろう。ただし、自分の与えられた条件の中で、常に最良の選択を目指してほしい。すぐにあきらめてしまうのでは、経営者として失格だ。今までには、個人の邸宅としては考えられない広さの大豪邸も拝見したし、敷地が大きすぎて測量ができず、航空写真で何とか全体を把握したこともあった。考えられないような値段のマンションも見てきた。広くても、高くても、それだけではダメ。最終的には、どれだけ思いがこもっているかで、その家の価値は決まると思う。予算の関係で土地が狭くても、そこであきらめなければ工夫と熱意で家相の知恵を取り入れることはできる。敷地と予算に余裕があって、自分の思い通りの家を建てる経営者もいると思う。そこには、自宅を思い通りに建てた喜びがあるだろう。しかし、思い通りではないが、我慢して家相にこだわった家を建てる選択もある。そこには、自分の思いを我慢した分、幸運や健康といった大切なものを手に入れることができるのだ。

建物には思いがこもる。開運事務所を持つことも大切だが、自宅はそれ以上に大切なもの。**与えられた条件の中で常に最良の選択を心がけ、思いをこめて大切にしてもらいたい。**

第3章
それぞれの条件に合った開運事務所のヒント

独立した事務所のポイント

土地選びのポイント

この章では、それぞれの条件にあった開運事務所のポイントについて説明したい。まずは、事務所として建物が独立しているタイプの場合、土地選びがポイントになる。

土地選びのポイントは、大きく分けて2つある。1つは、その土地のある周辺状況についてだ。たとえば、周辺がとても栄えていて活気がある土地ならば安心できる。反対に、寂れた感じで暗いイメージの土地であれば要注意。**栄えた土地であれば自然と人が集まるが、寂れた土地では人も遠ざかってしまう。**そんな土地を避けることも大切なのだ。

また、**周囲にどんな建物や施設があるのかも気にしてほしい。**神社や仏閣、墓地や病院などいろんな施設がある。もともと神社や仏閣の敷地であった土地は注意が必要。そういう土地にまったく縁のない人が住むことや、そこに事務所を建てて事業を起こしてもうまくいかない。以前に墓地だった敷地で事業を起こしてもダメだ。長続きせず、持ち主がころころ変わる土地になってしまうだろう。まずは周囲に目を配り、自分の足で調査することを実践してほしい。

もう1つのポイントは、もちろん、**事務所を建てる土地そのものの地相**についてだ。先ほど説明したように、以前墓地だった土地は、それだけでダメだが、競売物件や火事・死亡事故などがあった土地についても注意が必要で、その土地の履歴をしっかりと調査すること。昔から周辺に住んでいる住人に聞いてみるのも1つの方法で、実践してみるとためになることも多いと思う。

土地の形も大切な要素の1つ。小さな変形は問題ないが、極端に変形している土地の地相は凶相になってしまう。特に三角地は要注意で、そんな土地に事務所を建てたとしても長続きはしない。今までの経験から言っても、開業してしばらくは業績が良くても、だんだんと業績が悪化し、最終的には廃業の憂き目に会ってしまうことになる。どんなに努力しても、その努力が報われない地相もあるので、転ばぬ先の杖ではないが、知恵を使ってしっかりと避けてほしいと思う。

ヒント2

独立した事務所のポイント

道路との関係に注意する

土地選びにも関連することだが、土地と道路との関係はとても大切なポイントだ。建築基準法上でも、一定の幅員を持った道路と接していない土地には建物を建てることができない。道路と接していない土地は「死に地」と扱われてしまう。敷地を活かすも殺すも、道路にポイントがあるのだ。

敷地に対して道路が突き当たる土地は家相学上、「ドンタク」と呼ばれ凶相だ。もっとも危険なのは、この道路が突き当たった場所に建物の門扉と玄関が一直線上に配置されたケース。こうなってしまうと開運事務所にすることはできない。ドンタクであっても、道路が突き当たった場所に建物を配置せず、もちろん、玄関アプローチも避けた設計にすることで凶相を軽減することもできる。ただし、ドンタクの土地を選ばないことが最良であることには変わりはない。

土地の中心点から見て、北東の表鬼門・南西の裏鬼門方位と道路が接している土地にも注意が必要。この場合、事務所の出入り口や門扉が凶相の鬼門方位になってしまうことが多いからだ。特に、土地の間口が狭いと、この鬼門方位を避けた設計プランの作成がとても難しい。今までの経験から言っても、間口の狭い鬼門道路の土地では、開運事務所にふさわしい建物の実現は難しいと思うので、避けてほしい。

道路から見て、**敷地の高低にも注意が必要だ。**道路よりも高くなっている場合には問題ないが、道路から低い土地、下がっている土地は凶相だからだ。

こんな土地に事務所を建てても運気が下がるだけ。大雨が降れば道路から雨水も入り込んでしまうようでは運も上がらないので、しっかりと注意してほしい。

一般的に、南道路や東道路に接した土地は吉相といわれている。確かに、土地の北側が高くなり、南道路に向かって水勾配が取れるような土地や、西側が高く、東道路に向かって緩やかに下がっている土地は最良だと思う。だからといって、北道路や西道路の土地がすべて悪いわけではない。北道路でも西道路の土地でも、出入り口の方位や建物の配置に工夫すれば十分に活用できることも理解してほしい。

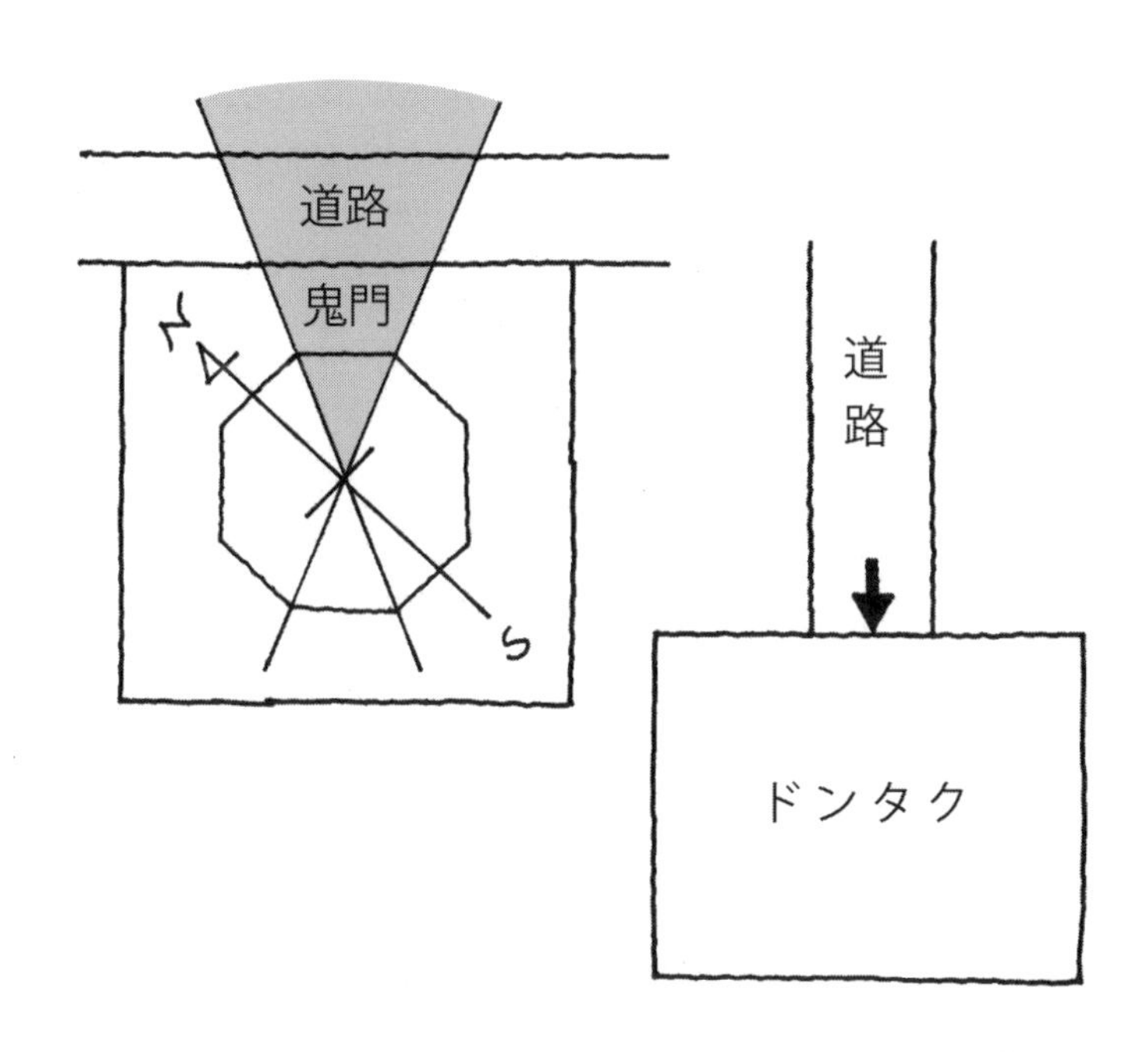

ヒント3

独立した事務所のポイント

玄関「出入り口」が大切

北道路の土地の場合、家相を考えなければ、北東方位に出入り口を設けてしまうかもしれない。西道路の土地でも、南西方位に出入り口を設けてしまうことも多くあるはずだ。そのため、昔ながらの家相学では、北道路の土地や西道路の土地を「凶相の土地」として扱っていた時代もあった。確かに、北東は表鬼門、南西は裏鬼門方位なので、ここに出入り口を設けてしまうと凶相だが、鬼門を避けて玄関を設ければ問題はない。つまり、それだけ出入り口の方位が大切だということだ。

たとえば、東道路の土地に事務所を建てたとしよう。その事務所の出入り口を東方位に配置したとする。北東の表鬼門を避けているのでここまでなら何の問題もないはずだ。ただし、この事務所の経営者が卯年生まれであれば話が違う。卯年生まれの場合には卯年の方位、つまり東の真ん中15度範囲が自分の十二支方位となり、この範囲に出入り口を配置すると凶相になってしまうからだ。**開運事務所にするためには、鬼門方位だけではなく、経営者の十二支方位にも出入り口を配置してはいけない**。この2つを守ってこそ、開運事務所を目指すことができるのだ。

もう1つの注意点は、出入り口を引っ込めてしまうこと。設計上、あえてくぼみを設けて出入り口をつくるケースも多く見かけるが、これは運気を下げることに直結するので、やってほしくない。鬼門方位や経営者の十二支方位の出入り口で、さらにこのくぼみを設けてしまうのが最悪のケース。このような事務所は発展性が乏しくなってしまう。

　たまに見かけるケースだが、出入り口がどこにあるのかわかりにくい事務所もある。凶相方位を避けるためなど多少の調整は問題ないが、看板やサインもなく、どこかに入っていいのかわからないのは論外だ。**方位はもちろん大切だが、出入り口はわかりやすい位置に設けることが大原則**。看板・サイン・照明・植栽、いろいろなものに注意を払い、わかりやすく、入りやすい出入り口にすることは言うまでもないことだろう。

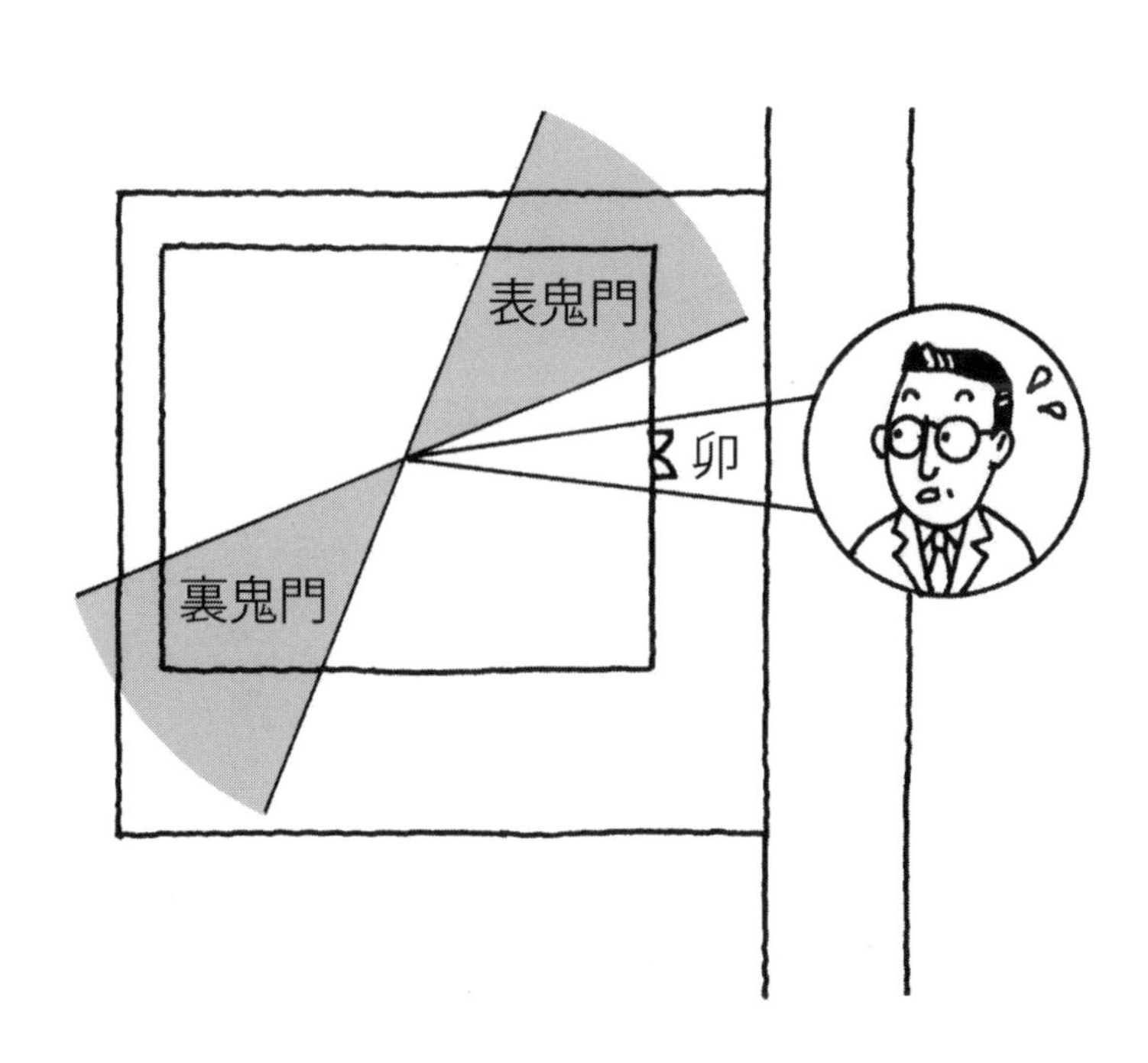

ヒント4

独立した事務所のポイント

トイレなどの水まわり

すでに建物が建っているわけではなく、これから事務所を建てる予定であれば、トイレなどの水まわりの方位にも注意してほしい。住宅と違って仕事に使う事務所であっても、無難な方位に配置することで運気を上げることもできる。

トイレには窓を設けてほしい。建築基準法では、換気扇を設置することで窓がないトイレでも適法となるが、家相では窓をとらなければならない。やはり、**自然の光と空気にふれることでトイレの持つマイナスの気を緩和することができる**からだ。小さなものでもよいので、必ず、窓を設けてほしいと思う。

最悪なトイレは、建物の中央部に配置されたもの。当然、窓も取れない位置になる。こんなトイレだと、従業員の間にトラブルが起き、社内の人間関係が最悪になるので、絶対に避けてほしいと思う。

これから事務所を建てるのであれば、北東の表鬼門と南西の裏鬼門方位、経営者の十二支方位、東南の巽方位、北西の乾方位、北の子方位など、住宅と同様に避けることで吉相にすることもできる。この中でも鬼門方位と経営者の十二支方位を避けていれば、事務所の家相としては十分だといえる。

事務所の面積や使い勝手に応じて、トイレの位置が限定されてしまうことも考えられるが、その場合には、まず、トイレの窓が取れることを優先すること。多少、方位が悪くても窓を取って自然光を取り入れることは大切だからだ。

小さなことだが、**大便器のふたを常に閉めて置くことも大切**だと思う。「臭いものにふた」のたとえではないが、せっかく、ふたがついているのだからぜひ、活用してほしい。これだけでも、運気の低下を抑える効果もある。

夏休みや年末・年始の休業など、**しばらく営業をしないときには、トイレの換気扇をつけた状態で扉を開放する**ことも実践してほしい。個室内にマイナスの気が滞るのを防ぐ対策になるからだ。

トイレ以外の水まわりと言えば、茶碗やカップを洗うミニキッチンなど。この程度のものは方位に関係なく設置してもかまわない。ただし、**常に清潔に保つ努力だけは欠かさないでほしい。**

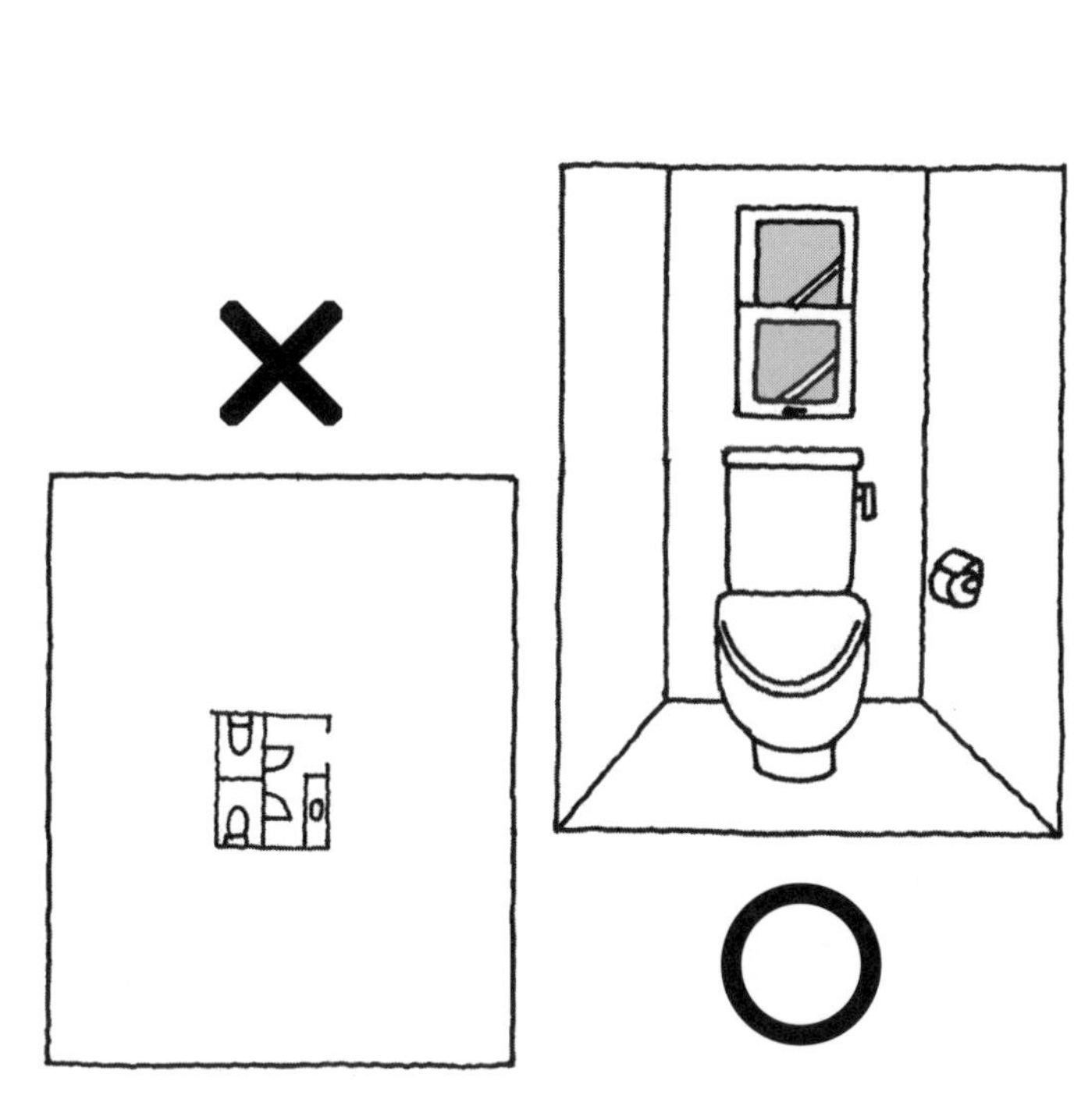

ヒント
5

独立した事務所のポイント
机の配置による吉凶

事務所に必要なものとして、出入り口・トイレ・給湯室・応接室など考えられるが、必ず必要なのは実際に仕事をする執務スペース。特に、執務室の机の配置にも吉凶のポイントがある。

一般的には、机を向かい合わせに配置する方法、あるいは、横に並べていく方法などがあるが、家相学では、**人間がどちらの方位を向くのかが重要**で、たとえば、北に向いて仕事をするのと南に向いて仕事をするのでは結果が違う。**家相学上、北に向いて仕事をするのは吉相で効率も上がり、努力しただけ成果も上がる。**反対に、南側に向いて仕事をした場合、集中力が落ちて単純ミスも多くなり、能率が悪くなってしまう。同じ能力の社員が同じ時間、同じように働いても、机の向きでこれだけ結果が違ってしまっては本当にもったいない。

吉相の向きは北向きだけではない。東に向かって仕事をしても効果が上がる。ただし、西向きで仕事するのは、南向きと同じく能率が下がるので、これは避けてほしい。

社員が少人数であれば、経営者も含めてそれぞれが吉相の方位を向くこともできるが、人数が多くなっては、すべての人間を吉相にすることは難しいと思う。そんなときは、各部門の責任者やリーダー的存在の社員を優先してほしい。**優先順位を考えて、効率よくレイアウトするのも、経営者の大切な役割の1つ**と思って実践してほしい。

また、経営者や役員が社長室など執務用の個室を持っている場合には、その執務室の机の向きを北向きにしてほしい。そして、それとは別に**社員の執務スペースに自分の机を設ける場合には、方位にこだわらずに、社員の動向をつかみサポートしやすいことを優先する**方法もある。社員が北向きに座って仕事をしていたなら、社員と正対するために、経営者が南を向くケースもあると思う。その場合でも、別に執務室があり、その執務室の机の向きが吉相であれば問題はない。経営者としていろんな役割に対応するためにも、専用の執務室を設けることは大切なことだ。

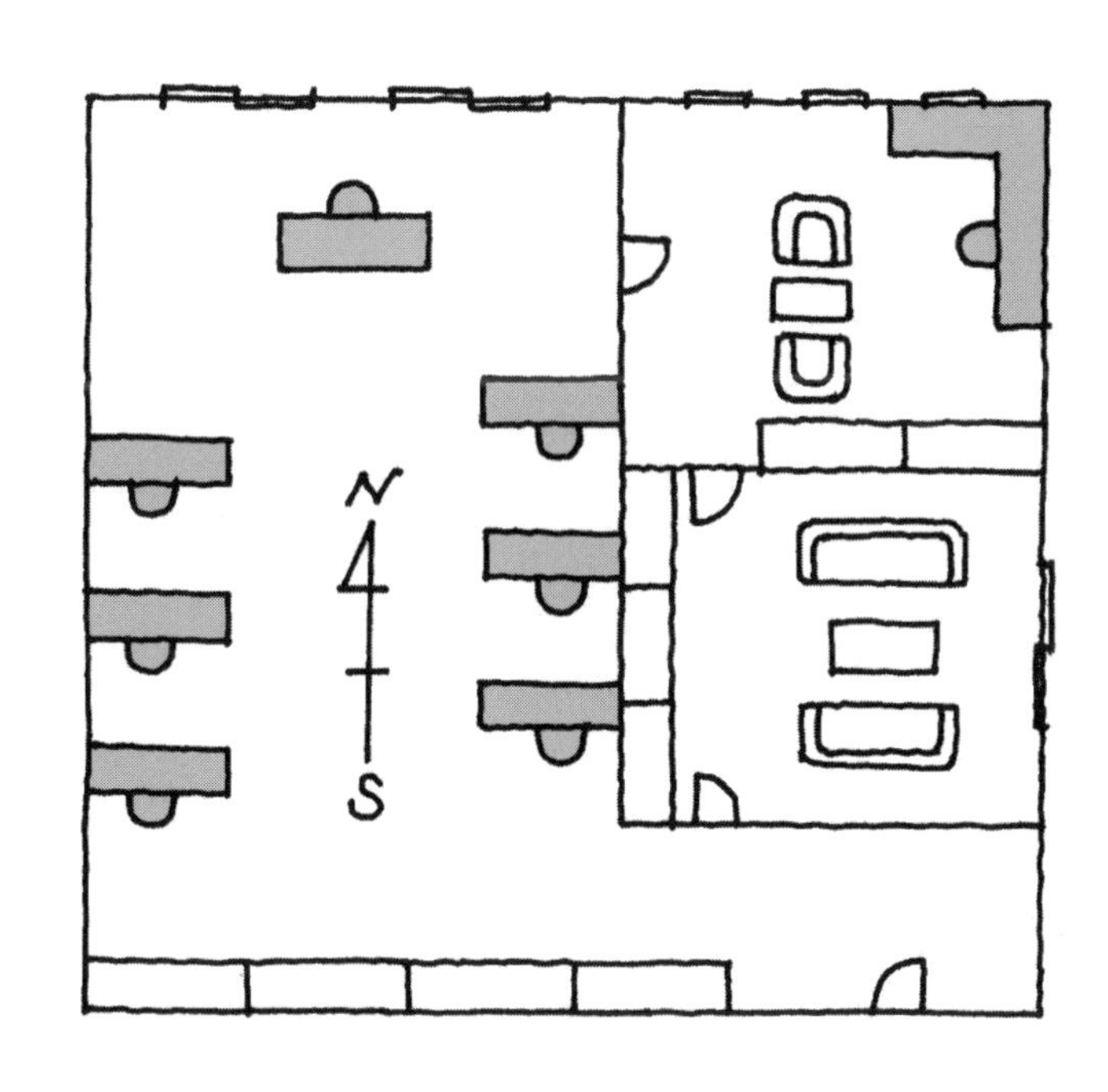

ヒント6

独立した事務所のポイント
その他のポイント

その他のポイントについて説明したい。まずは、建物の構えについて。建物の形は、**長方形など無難な構えにまとめてほしい**。デザインを重視して建物に凸凹を設けても、家相的にはマイナスが大きくすすめられない。デザインは建物の形ではなく、もっと違うところで表現してほしいと思う。また、風水にこって、経営者のラッキーカラーなど建物の外壁に使用しているケースもあるが、これは逆効果だ。本来、**ラッキーカラーとは人に見せるものではなく、自分の身の回りのものや身に着けるものに使用するから効果が出る**ので、堂々と見せるものではない。これを間違えてはいけないのだ。

出入り口と同じぐらい大切なのはアプローチの方位だ。たとえ出入り口が家相学上、吉相の方位に配置されていても、北東の表鬼門や南西の裏鬼門方位からアプローチしては凶相になってしまう。特に、駐車スペースを設けている場合には要注意。駐車スペースそのものはどこの方位に設けても問題ないが、アプローチの仕方によっては凶相になるからだ。基本的には、建物の周囲をフェンスなどで囲み、門扉を設けて出入りを限定させるのがよい。こうすることで、たとえ鬼門方位に駐車スペースがあったとしても、無難な方位に門扉を設置することで心配はなくなる。門扉として扉を設けなくても、植栽などで出入りが限定されていればそれでもよい。とにかく、**フェンスや門扉、植栽などで出入りを限定すること**が大切なポイントだ。

トイレの汚水管についてもポイントがある。**汚水**

管は最短距離で建物の外に出し、玄関と門扉の間を通さないこと。これを怠ってしまうと凶相だ。この汚水管の凶意を受けないためにも、門扉を設置することは大切だともいえる。

看板やサインボードの表示の仕方についいは、とにかくわかりやすく表示することが最優先で、その上、センスが良ければ言うことはない。方位については、出入り口の右側が良いとか左側が良いとか、いくつかの考え方もあるが、今までの経験から言って、どちらでも変わらないと思う。ここは、方位よりもわかりやすさとセンスを優先して、開運事務所にふさわしい看板やサインボードを設置してほしい。

テナント型事務所のポイント

ビル全体のメインエントランスと形も重要

オフィスビルなどの一部を使用するテナント型事務所のポイントを説明したい。マンションの一室を利用する場合も、基本的な考え方は同じだ。テナントビルやマンションの一室を事務所として使用する場合には、その**建物のメインエントランスの方位が重要**だ。建物の中心から観て北東の表鬼門、南西の裏鬼門方位に配置されていると凶相になってしまうので、こんな建物を選んではいけない。

メインエントランスが吉相となる方位は、建物の中心から観て東方位、東南方位、北西方位の3つの方位で、特に、東南方位は大吉相といわれている。エントランスがいくつもある大規模な建物でも、メインエントランスの方位がもっとも重要なので、この点はしっかりとチェックしてほしい。

メインエントランスに対して、どの方位からアプローチしているのかもチェックしてほしい。このアプローチする方位が鬼門方位なら、たとえメインエントランスの方位が大吉相の東南方位であっても、凶相になってしまうからだ。アプローチする方位とメインエントランスの方位の両方が無難であってこそ、開運事務所にふさわしい建物となる。

建物の形についても注意点がある。**極端に凸凹した建物は避けてほしい**。マンションなどに多いが、日当たりを優先して雁行型に何段も欠けた建物など要注意。また、1階よりも2階以上が大きく出っ張っている立体的な欠けを持つ建物も凶相なので避けたい。平面的な欠けよりも立体的な欠けは事務所の業績に影響を及ぼしやすいので、小さな欠けでも見逃さず、しっかりチェックしてほしい。

丘陵地や海辺には、斜面に建つ建物もある。また、地形によっては、道路から下がった敷地に建物が建つケースもある。**家相学上では、斜面に建つ建物や道路から下がった敷地に建つ建物は、基本的には凶相**として扱うことになる。ただし、今までの経験上、地相などの影響によって凶意を感じない物件もあったので、すべてが悪いのではなく条件によっては無難と考えることもできる。

ヒント8

テナント型事務所のポイント

テナントの入り口と形

オフィスビルなどの一部を使用する場合、次の点に注意してほしい。たとえば、5階建てのビルの3階部分に事務所があるとする。その3階すべてを1社で使用している場合には、エレベータや階段、トイレなど共有部分もすべて含めて中心をとり、その中心から出入り口などの方位を観ることになる。もし、2つのテナントで使用しているなら、共有部分は外して自分たちが使用する専有部分のみで中心を取り、そこからの方位を考えればよい。つまり、**1社のみでその階層すべてを使用している場合と何社かのテナントが使用している場合とでは、家相の観方が違う**のだ。

家相学上では、複数のテナントで使用するよりも、1社のみで使用することが無難と考えられている。テナントの業種や社風の相性もあると思うが、やはり〝気〟が違う。不特定多数の人間が出入りをするビルと、決められた人間しか出入りしない建物の気は違うので、可能であれば、1社で使用できるのがよい。

複数で使用する場合でも、使用するテナントの方位によって吉凶にも違いが出る。基本的には、建物の中心から観て東側や南側のスペースのエネルギーが高く、北東の表鬼門と南西の裏鬼門のエネルギーは低い。ただし、建物の立地条件と窓の数や位置によって違うので、この点も考慮して総合的に判断してもらいたい。

また、使用するテナントの形についてだが、**鋭角部分があるテナントは家相上避けてほしい**。多少の鋭角ならレイアウトの工夫で調整できるが、どうしてもテナント内の気が落ちてしまう。テナント内の気が下がると、そこで働く人間のモチベーションも下がるのは仕方がないこと。開運事務所を目指すのであれば、鋭角部分のあるテナントは避けてほしい。

専有部分の出入り口の方位も、もちろん大切なポイントだ。どちらのタイプのテナントにしても、**北東の表鬼門と南西の裏鬼門方位にある出入り口は絶対に避けてほしい**。たとえ、鬼門方位に出入り口があったとしても、テナント内に新たな出入り口を設けるなど、凶相を避けることはできる。

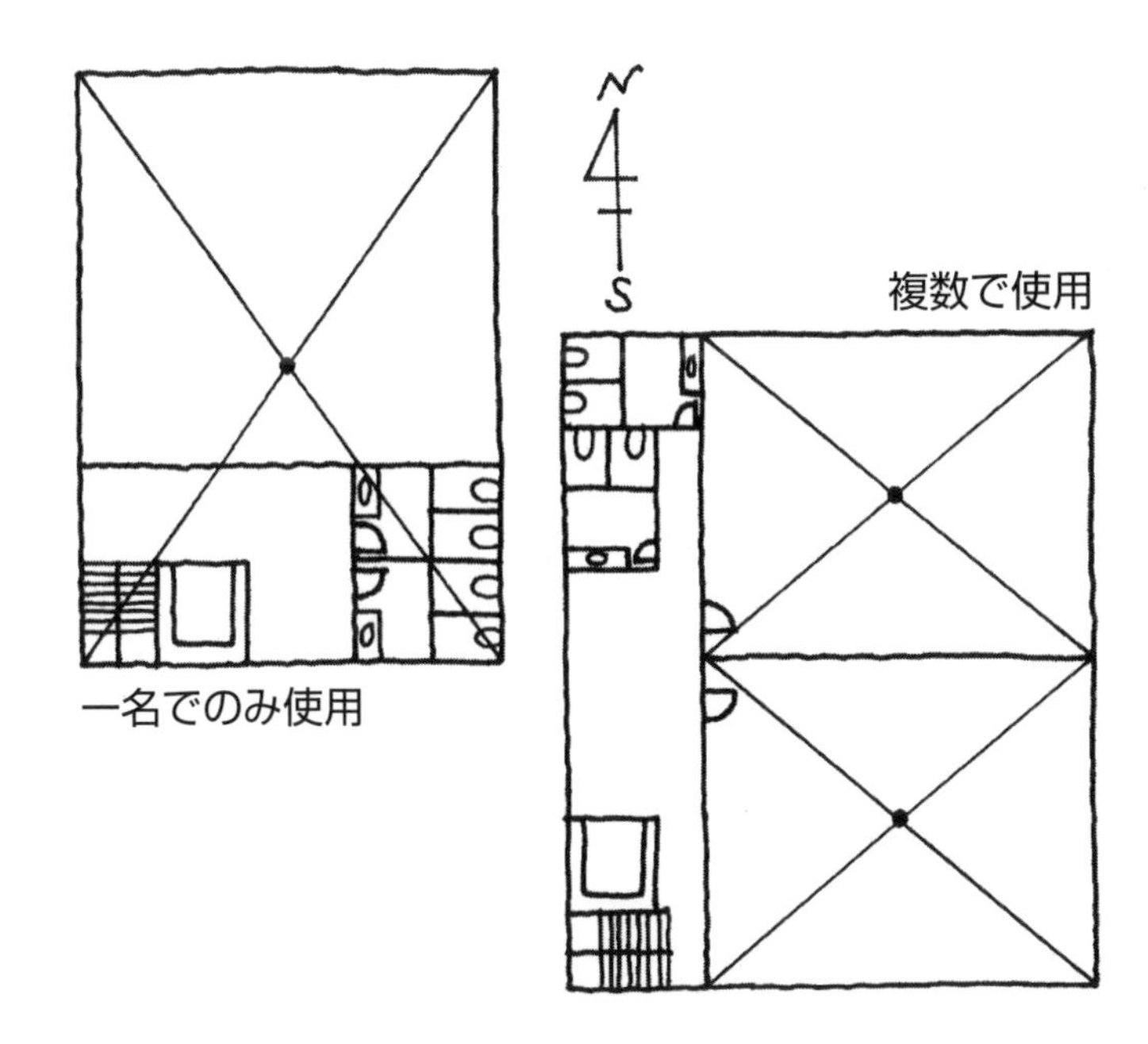

ヒント 9

テナント型事務所のポイント
トイレなどの水まわり

トイレなどの水まわりについては、事務所の種類によって、家相の判断が異なる。テナントビルなどの1つのフロアを1社で専有している場合には、階段やエレベータなど共有部分もすべて含めて中心をとるとすでに説明したが、トイレも同じようにその中心からの方位で吉凶を判断する。中心から観て北東の表鬼門と南西の裏鬼門の範囲は避けてほしい。**一番心配なのは中心近くにトイレが配置されることで、これは、鬼門方位のトイレよりも凶となる危険度が高い。**また、この位置にあるトイレだと窓がないケースも多いが、それだとさらに危険度が増してしまう。つまり、**家相学上、建物の中央部にあり窓のないトイレは最悪**ということだ。

1つのフロアにいくつかの事務所がある場合には、それぞれの事務所の中心からの方位で吉凶を判断する。事務所の数が2つでも3つでも考え方は同じで、それぞれの中心からどの方位にトイレがあるのかで吉凶を判断する。それぞれの事務所から鬼門方位にあるトイレは避けてほしいが、一番危険なのはビルなどの建物の中心近くにあるトイレ。これは、各事務所からの方位よりも優先して考えなければならず、たとえ、鬼門方位を避けて無難な方位に配置されていたとしても、建物全体の中央部にあるトイレは凶相ということになる。1つのフロアを1社で使用する場合と同じで、中央部で窓のないトイレは大凶相ということ、つまり、中央部に窓がないトイレがあるテナントビルは、事務所の使い方に関わらず、それだけで凶相ということになる。

今までの説明は、共有部分にトイレがあることを想定したものだが、それぞれのテナントにトイレがある場合には、もちろん、それぞれの事務所の中心からの方位で判断をする。その場合、トイレには窓がほしいが、現実的には難しく、窓が取れないことも多いと思う。その場合には、**常に換気扇などを稼動させて空気が滞るのを防ぎ、清潔に心がけてほしい。観葉植物や生花などで補うこともできる**ので、あきらめずに、いろいろと工夫してほしいと思う。

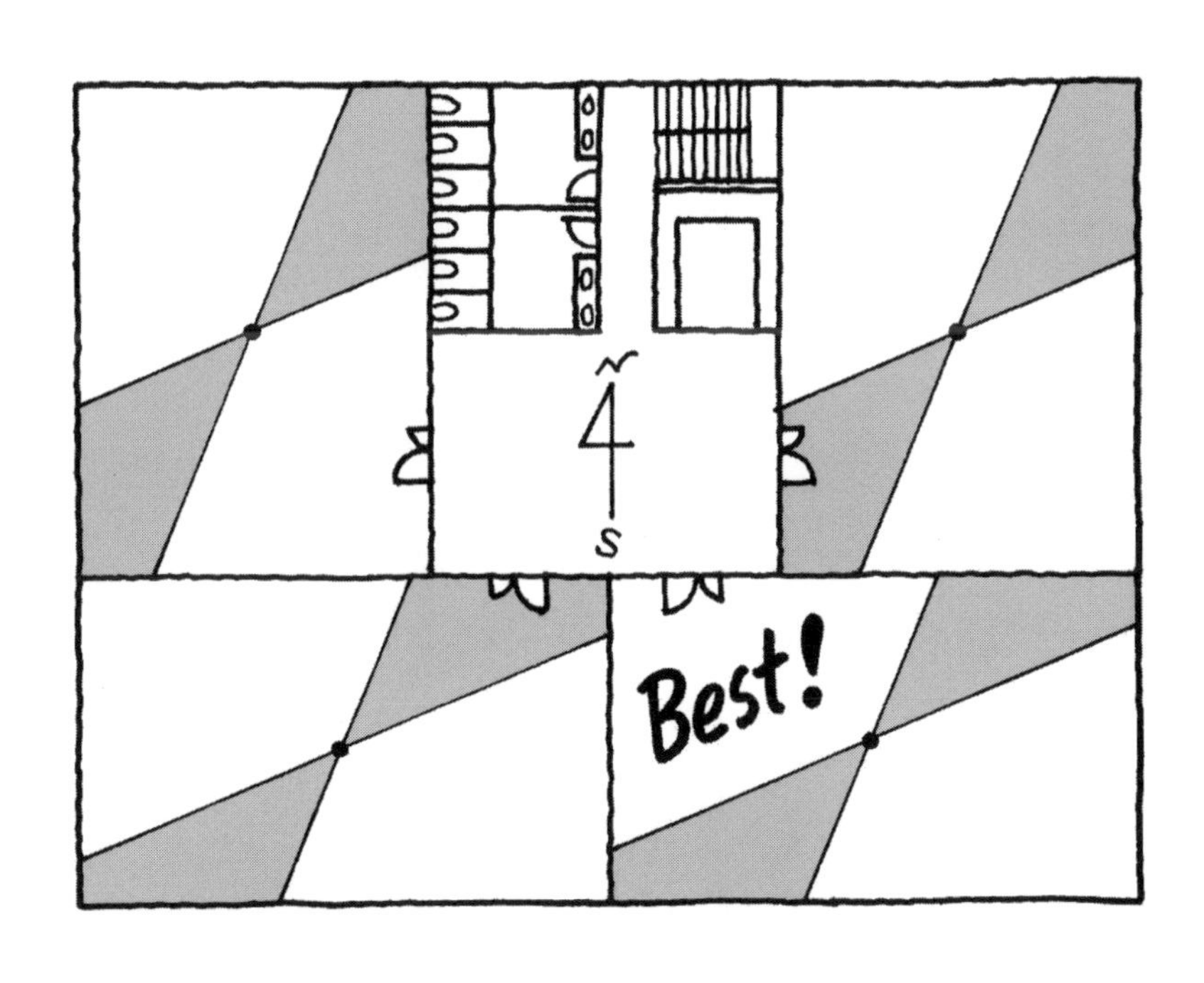

ヒント
10

テナント型事務所のポイント

顧客との打ち合わせスペース

大切なお客様やビジネスパートナー、いつもお世話になっている方たちと打ち合わせをするスペースは大切にしたい。もちろん、事務所であるなら社員が仕事をするスペースも大切だが、ここでは、この打ち合わせスペースの考え方について説明をする。

このスペースには窓がほしい。テナントの一部を使用する事務所では、窓のとれる部分も制限されてしまうが、何とか工夫してレイアウトしてほしい。きれいな景色など眺めることができれば最高だが、たとえ隣のビルの壁しか見えなくても、窓があるだけで人の受ける印象が違うのだ。四方が壁に囲まれたスペースと窓があるスペースではエネルギーも違う。窓があると、閉鎖された空間にはない安心感があり、**人がリラックスできる。おもてなしの心を実現するためにも、窓が取れるスペース**を活用してほしい。

方位の吉凶については、事務所の中心から観て東方位や東南方位を使用するのが最良だ。東方位や東南方位は、性質で言うならば表・裏の「表の方位」なので、人をもてなすのにはふさわしい方位といえる。ただし、これ以外の方位であっても、窓が取れるのであればそのスペースを優先すること。方位よりも窓が取れることが優先だ。

大切な皆さんの座る向きにもこだわってほしい。相手に北や東を向いて座っていただけるようにソファやテーブルなどを配置するのがポイントだ。もちろん、無理やり座らせても意味がないが、できる限りこだわって実現してほしいと思う。座る向きが悪いと、お互いの思いが行き違い、大切な商談などもこじれてしまいかねない。座る向きが良いと、お互いの主張が素直に相手に伝わるのだ。

私は仕事上、たくさんの家や会社に伺って打ち合わせする機会が多いが、普段からあまり人が使っていない部屋などに通されることも多い。たまにしか使用しない部屋には独特の感じがあり、正直に言ってあまり好きではない。普段から、窓や扉を開けて意識して空気を動かすことや、社員とのミーティングに使用するなど普段から活用してほしい。宝の持ち腐れではないが、大切にしすぎて締め切っていては、せっかくのスペースがもったいないと思う。

ヒント 11

テナント型事務所のポイント
その他のポイント

テナントビルやマンションの一室で事務所を構える場合には、その建物全体の形が大切だと説明したが、1階部分がすべて駐車場になっていて、柱だけで支えられている建物は、家相学上、大凶相になるので覚えていてほしい。建物の平面的な形も大切だが、立体的にも注意してほしい大切なポイントだ。阪神大震災以来、構造的に弱いこのような建物は少なくなっているが、2階建て・3階建てクラスの規模の建物はまだまだ多く見かけるので注意して避けてほしいと思う。

テナントビルなどの場合、他の階にどんなテナントが入っているのかも気になるところだ。現地調査の際には、私もこの点を必ず確認している。特に上下階や同じ階にあるテナントについては、しっかりと注意してほしい。職業に貴賤はないが、**その会社の社員や出入りする関係者の影響は無視することはできない**。自分の事務所だけではなく、他のテナントのイメージも含めて、物件を選んでほしいと思う。

建物によっては、メインエントランスだけではなく、社員のための通用口が用意されているものもある。この場合には、メインエントランスと通用口の両方の方位を無難にしてほしい。メインエントランスがよくても、通用口が鬼門方位であればよくない。どちらも無難にすることで、事務所の運気も業績も向上するはずだ。

建物同士の隣棟間隔も吉凶のポイントになる。**家相学上では、建物同士は適切な距離を置いて建てる**

ことがベストで、これは住宅だけではなくテナントビルやマンションでも原則変わらない。極端なことを言えば、間隔が離れているほど互いの影響を受けず無難だが、商業地域などの建物には無理な話だ。土地の値段も高いし、テナントビルとして商業的にも成り立たないと思う。ただし、物件を詳しく調べてみると、商業地域にも平屋や2階建ての高さのない建物もあるし、マンションの駐車場など将来的にも建物が建たない部分に接している物件もある。こんな物件なら、隣棟間隔が狭くても、周囲をすべて建物で囲まれるより条件が良い。こんな点に気がつくためにも、事務所を選ぶ際は現地に直接足を運ぶことが大切だと思う。

ヒント 12

住居併用型事務所のポイント

住宅と事務所が同じ建物のケース

1つの建物の中に住宅と事務所がある場合には、家相学上、**住宅と事務所それぞれに玄関を持ち、建物内部で行き来をしないことが吉相**とされる。事務所への出勤は、住宅の玄関からいったん外に出て、あらためて事務所の出入り口から建物の中に入るということだ。面倒なようだが、これを実行することでプライベートと仕事の区別がつき、結果的には仕事の効率も上がる。もちろん、住宅は住宅の中心から、事務所は事務所だけの中心を取って、それぞれ別々に方位を観ることになる。

住宅と事務所の仕切り方については、1階が事務所で2階が住居という場合もあるし、1階の一部のみを事務所とする場合もある。家相を優先するなら、階数ごとで完全に分かれているほうが無難といえる。**住宅には住宅の気があり、事務所には事務所の気があるので、別々の階になるほうが良い**。この気の問題を考慮して、内部での出入りをしないのが家相の基本なのだ。

事務所としてのスペースがあまり必要のない場合など、住宅の一室を事務所として使用することもあるが、その場合には玄関やトイレも共用で、もちろん内部で行き来が自由にできてしまうことになる。一見便利なようだが、実際には仕事の効率が上がらない。仕事の締め切りに追われていても、家族のことが気になって集中できない。妻や子供たちの相談事を受けていても、仕事のことが気になってまともに返事ができないなど、プライベートと仕事の両方に悪影響が出てしまう。こんなことにならないように、とにかく**意識して、プライベートと仕事を分ける**こと。普段着から仕事着に着替えてもいいし、就業時間中は極力家庭との接触は持たないなど、工夫が必要だ。

特に、お子さんが小さい時には、体調を崩してしまうことも起きる。以前、相談を受けたケースでも、当時5歳の女の子が仕事で来訪されるお客さんのお茶出しを手伝い、そのお客さんからほめられてうれしかったのだろう、それから毎日お手伝いすることになった。しばらくすると、その子がよく熱を出すようになり、私のところに相談されたのだ。すぐにお茶出しをやめさせ、プライベートと仕事をしっかりと分けるようにアドバイスすると、お子さんの具合も良くなった。小学生低学年までは、体調に影響が出やすいので特に注意してほしい。

ヒント13

住居併用型事務所のポイント

住宅と事務所が別々の建物のケース

敷地が大きくないと難しいが、1つの敷地の中に住宅と事務所の2つの建物を建てることもある。この場合、家相では住宅をメインとして事務所の建物の方位や大きさを判断することになる。つまり、**住宅の中心から観て、北東の表鬼門や南西の裏鬼門方位には事務所を建てない**。北西方位が東南方位に立てるのが吉相だ。大きさについても、住宅の3分の1程度の大きさまでに収めてほしい。また、住宅からは最低でも2メートル離す。4メートル離すことができれば最良なので、敷地の大きさと相談しながら判断してほしいと思う。

もし、住宅と事務所で直接出入りをしたい場合には、渡り廊下でつなぐ方法もある。この場合には、渡り廊下の幅を広くても一間（1820）まで、渡り廊下の長さを一間半（2730）までに収めることだ。この幅と長さの渡り廊下なら、家相学上、無難と考えられる。ただし、住宅の屋根と事務所の屋根は別々とし、渡り廊下から外に出てはダメ。2つの建物を単純に渡り廊下でつなぐことで家相を無難にできるからだ。

住宅と同じ程度の大きさで事務所を建てたい場合には、2つの建物の間をフェンスや塀などで仕切る方法もある。基本的には、道路からのアプローチも別々とし、住宅用・事務所用の門扉を設ける。つまり、フェンスや塀で敷地そのものを区画してしまうのだ。この方法なら、住宅よりも大きな事務所でも無難だし、互いの建物の位置関係についても心配することはない。完全に仕切ることで、いろいろな心配から開放されるのだ。

最初は、住宅の大きさに対して3分の1程度の大きさの事務所を建てたが、仕事が忙しくなり事務所を増築してどんどん大きくしてしまった。増築を繰り返すうちに住宅ともつなげて、内部に扉をつけて行き来をすることにもなった。このパターンが家相では最悪ということだ。

仕事が順調で事務所が手狭になったら、事務所そのものを移転するなど根本的に対処するのが正解で、その場しのぎの増築ではいずれ策が尽きる。足元だけではなく、先を見据えた判断も必要なのだ。

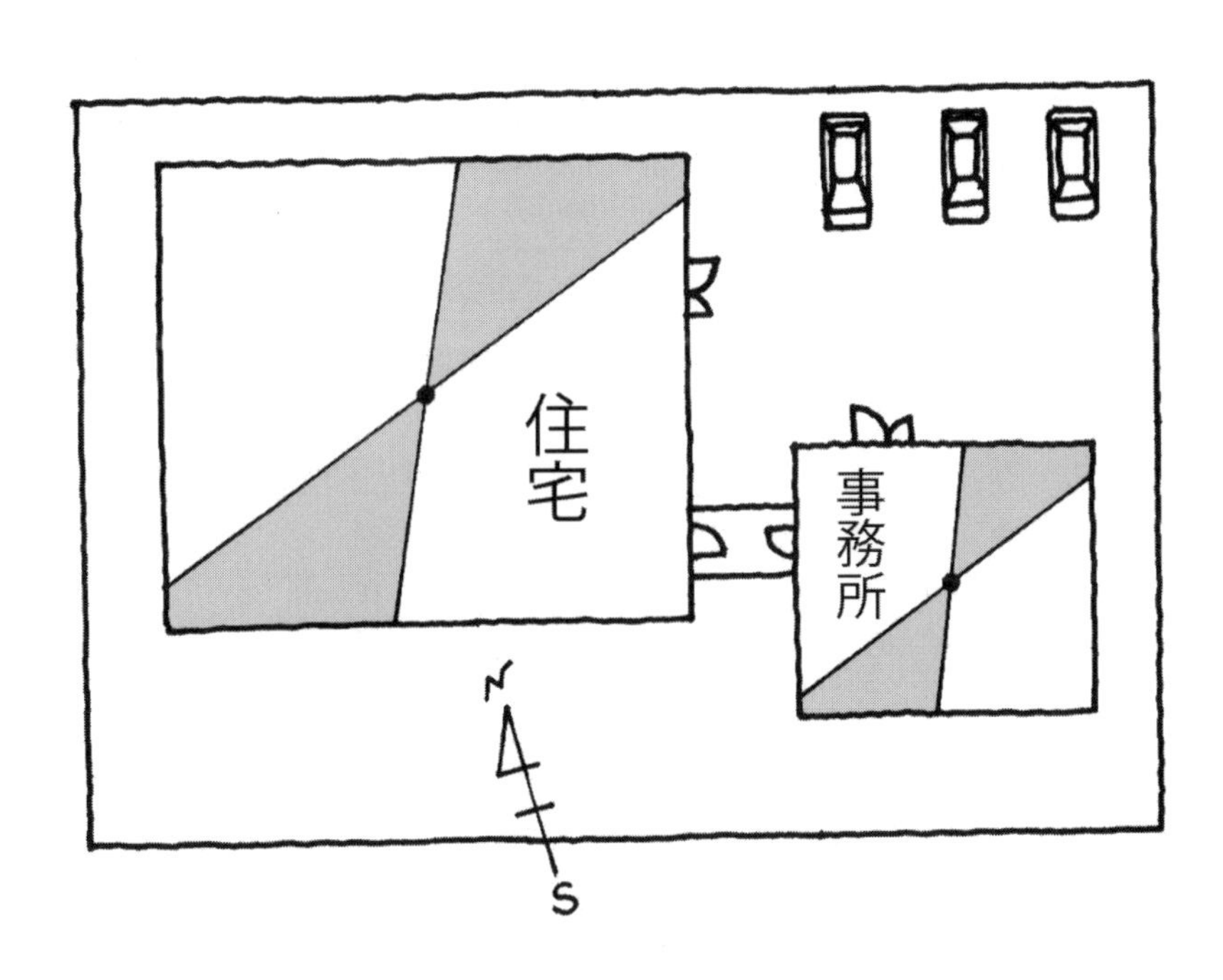

ヒント 14

住居併用型事務所のポイント
その他のポイント

住居併用型の事務所の場合、事務所の看板やサインボードの表示にも注意が必要だと思う。**どこに何の事務所があるのかわかりにくいのはそもそもダメ**だ。センス良く、そしてわかりやすく表示してほしい。どこまで、事務所に始めて訪れる顧客の気持ちになって考えることができるのか。それがすべての基本だと思う。

顧客の気持ちから考えても、住宅と事務所が別の建物であること、あるいは、同じ建物でも内部で行き来をしないほうが印象も良い。仕事で訪れたのにプライベートの匂いがぷんぷんしていては台無しだ。公私のけじめがつく人は仕事もできる。信頼感を得るためにも、注意してほしいと思う。

玄関やアプローチまで別にできなくても、トイレだけは別にしてほしい。家相学上、トイレの扱いは難しいので数が少ないほうがありがたいが、顧客のことを考えるとそうとも言えない。トイレを借りる側からすれば、家族も使うトイレは借りにくいし、使った後のことも気になってしまう。もちろん、方位も無難にしてほしいが、音や臭いのことまで考えてトイレを設置してほしいと思う。飲食店では、男女兼用のトイレの評判が極端に悪いという。男女問わずクレームが多く、客同士のトラブルも絶えないので、最近では、男女別のトイレが標準だという。ここまで気を使ってこそ、開運事務所が実現できるのだろう。

自宅の一室を使用して起業し、努力を重ねて発展した結果、自宅の敷地の一部に事務所を別に構えることができたとする。**そこからさらに発展したなら、事務所は自宅とは別の敷地に移動させてほしい。**

これが事務所を益々発展させる大切なポイントなのだ。繰り返すようだが、プライベートと仕事の区別をつけなければ、事務所も発展しないし家族の健康にも問題が出るケースがある。事務所が発展すればそれだけ多くの人との交流も増えるし世界も広がる。忙しくなればなるほど公私の区別がつかなくなるのも仕方がないかもしれない。また、人間は慣れにも弱いし、楽もしたくなる。しかし、事務所の発展に併せて環境を変えるのは当たり前のこと。**いつまでも同じ形態では発展などできないことは、家相の知恵でも教えてくれている。**

ヒント15

信頼関係を長続きさせる

この章では、安定と発展を得るための事務所づくりについて、目的別に説明したい。まず、最初に信頼関係を長続きさせる事務所について説明する。

信頼関係を築くためには、北西方位の象意が欠かせない。象意とは、八卦や九星など方位学の表す意味合いをモノや自然現象になぞらえたものだ。北西方位の代表的な象意は「天」「太陽」で、地上の万物に生きるエネルギーを与える存在を指す。天は尊貴であり、完全無欠の状態を表すことから、信頼や信用を得るためにはどうしても必要な要素とされる。

次に、その**信頼を長続きさせるためには、東南方位の象意が必要になる**。東南方位は四緑木星の方位なので、成長・成熟など、充実した状態を示している。つまり、物事が成長し成熟し、整った状態は当然安定もするということだ。

北西方位と東南方位は、2つをセットで整えることで相乗効果となり、信頼を長続きさせることができる。家相学では、この2つの方位に吉相の張りを設けた構えを大吉相と考えているが、張りが2つあるので「複合相」とも呼ばれている。

反対にこの北西方位と東南方位に凶相の欠けを設けてしまうと最悪だ。信頼関係を損ない、金銭的なマイナスと何より信用を失ってしまう。信頼を築くには長い年月とたゆまぬ努力がいるが、失うときはまさに一瞬。あっという間に崩れ去ってしまうのが信頼の怖いところでもある。

事務所の形で、この北西方位と東南方位が欠けている場合は要注意。張りはなくても欠けはどうしても避けたいところだ。

北西方位か東南方位のどちらかに出入り口を設置するのは有効だ。大切な顧客との打ち合わせスペースとして活用しても良い。経営者の執務スペースや、重要な部署を配置したりするなど、事務所を成り立たせる大切な業務を行うスペースとして活用してほしい。

方位にも向き不向きがある。その象意を開運事務所に役立ててほしい。

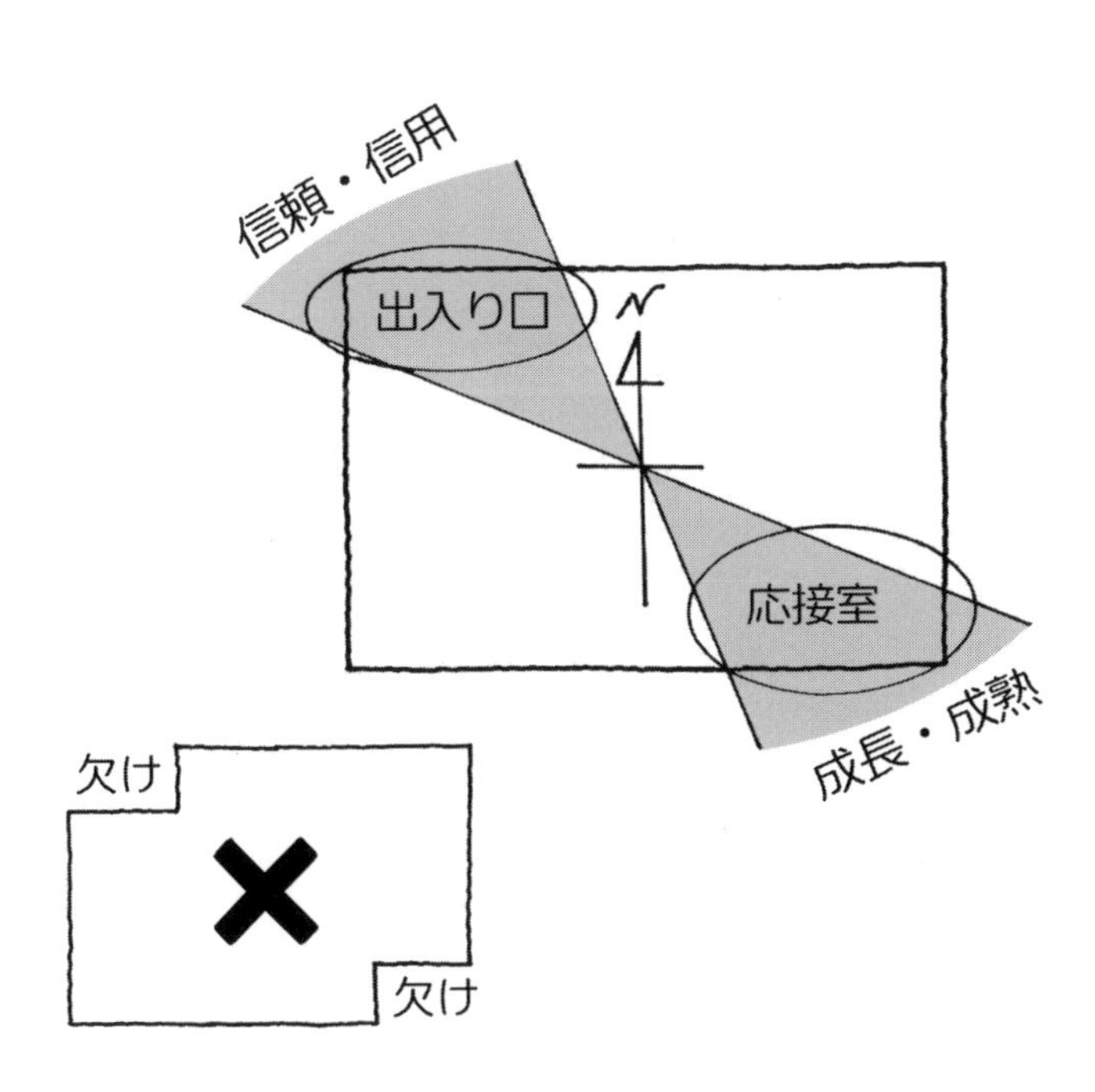

ヒント16

初めての顧客と信頼関係を築く

物事には必ず始まりがあって終わりもある。人との出会いも第一印象の重要性は以前から言われていることだ。人の視線の70パーセントは、自分の目線よりも下を見ているといわれているので、天井の汚れよりも床の汚れが強く印象に残る。汚い靴を履いているビジネスマンは成功しないという話を聞いたことがあるが、印象をよくしたければ足元に気をつかうことだ。

事務所でも、**初めての顧客と信頼関係を築きたいのであれば、東方位を大切に**してほしい。東方位の象意は、草木が勢いよく発芽する象を示し、九星方位の中でもっとも若々しく活動的な精気といわれている。初めての顧客を迎えいれる場所には、この東方位がもっとも適しているのだ。**新規事業や新規顧客の開拓を担当する部署はこの東方位を活用してほしい**。もちろん、初めての顧客とのミーティングスペースとして活用しても良いと思う。

もう1つ、**南西方位も合わせて活用してほしい**。南西方位の象意は土の精で、ただの土ではなく、豊かな作物を実らせる耕土であり、母なる大地を意味している。「母なる大地は天の施しを地で受ける」といわれ、天の無形の気を受けつつすべてを慈しみ育む大きな包容力が特徴だ。どんなものでも受け入れるこの包容力が、初めての顧客に大きな安心感を与えることができる。

南西方位は、家相や方位学では裏鬼門といわれている方位。家相学上、この南西の裏鬼門には出入り口やトイレ、ガスレンジなどの火気は配置することができない。自宅であれば家族の健康を損ねることになるが、事務所の場合には母なる大地としての性質を損なうことになり、初めての顧客との信頼関係を築きづらくなってしまうのだ。

　飲食店や美容室など、何度も通ってくれるリピーターを求める場合でも同じで、初めての顧客を東方位のテーブルや席に案内すると印象が良い。お店のコンセプトなどを伝えたいときには南西方位のスペースを使用すると、水が大地にしみこむように理解してもらうこともできる。東方位と南西方位がもつ力を借りて、初めての顧客との信頼関係を築いてほしい。

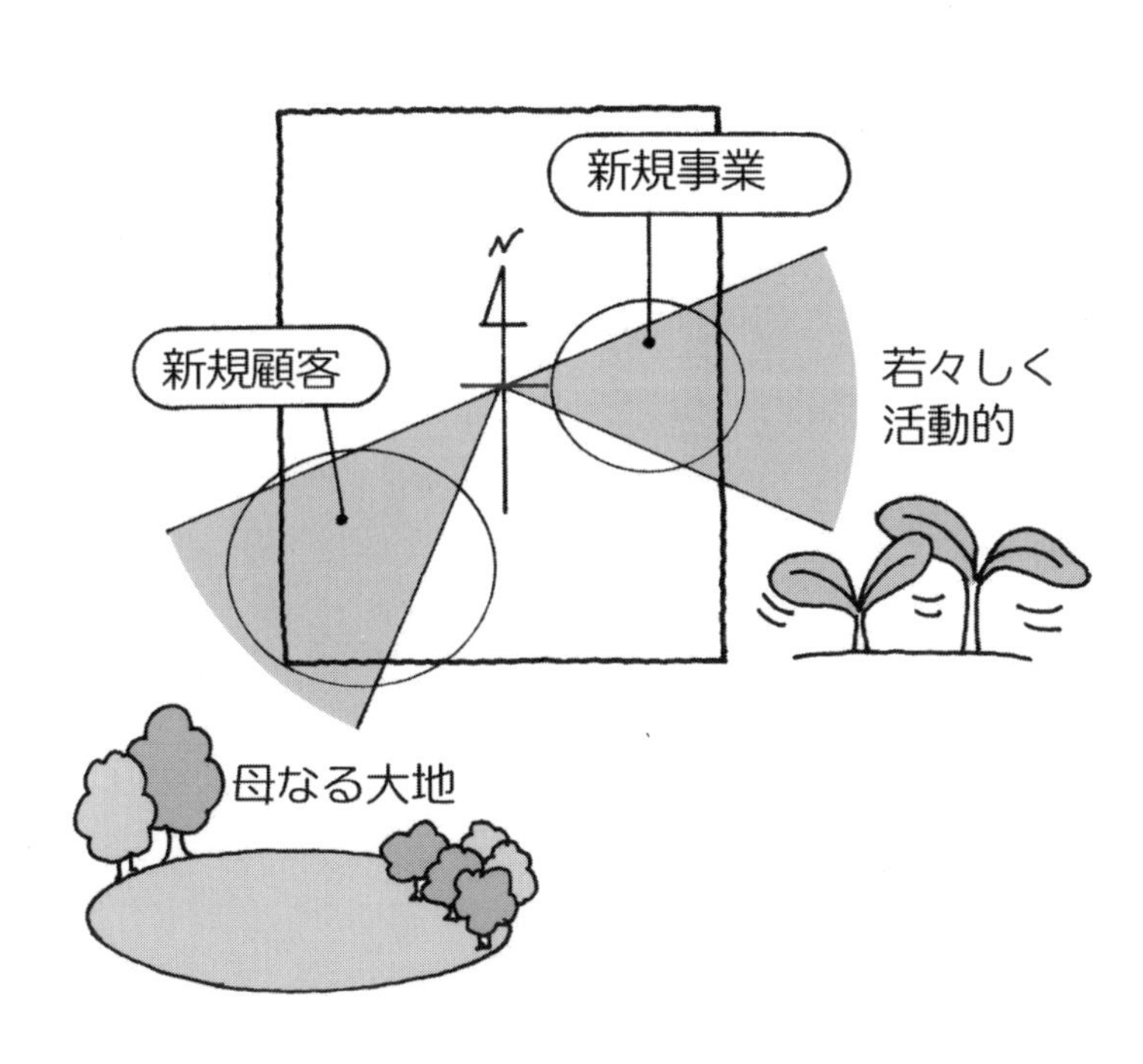

ヒント17

相談ごとにスムーズに対処できる

北の方位である一白水星は、九星方位の中で唯一水の精を与えられている。

水は液体だが熱すれば気体となり、冷やせば固体となる柔軟性があり、雨粒の一滴が集まって流れをつくり、崖にかかれば滝となって落下し、乱石に出会えば曲がりくねり、困難を乗り越えつつ悠々と流れ、やがて大海へ注ぐ。丸い器にも四角い器にも、器の形に合わせる柔軟性を持っているのが北方位の特徴といえるのだ。

社員や顧客の相談をスムーズに受けるには、この北方位を活用すると良い。

相談者には、相談したい問題がある。相談を受ける側は、まず柔軟でなければならない。相談を受けるとは、人の話を聞くことだと理解してほしい。相談に対しての回答を与える前に、思いのたけを受け取ることが必要なのだ。

そして、人の話を聞くとは、その人のことを知ること。相手のことを知りたいと思えれば、自然に相手の話も頭に入ってくる。受け手である側が柔軟でなければ、相談は成り立たないのだ。

労務の相談も顧客からの相談も、北方位に相談室スペースを設けるのが最良だ。白を基調にしたインテリアに緑の観葉植物などが吉相の配置となる。

相談業務に携わる部署を北方位に配置しても有効だ。

ただし、北方位には、ひとたび荒れれば大船も覆し、田畑も家もすべてを押し流すパワーも秘めている危険な方位としての側面もある。相談事に柔軟に対処できれば何の問題もないのだが、相談を受ける側が過大な権力を持ってしまうと、独裁者にもなってしまう。

相談に従事する人間が、長期にわたってその部署を担当していると、いつしか頑なな考えに陥り暴君となる。経営者としては、その2つの特徴を踏まえて適切な経営判断が必要とされるだろう。

また、逆も真なりで、**頑なな考えの社員を北方位に配置して思考を柔軟にすることもできる**ので、経営者の資質が問われる方位でもあるのだ。

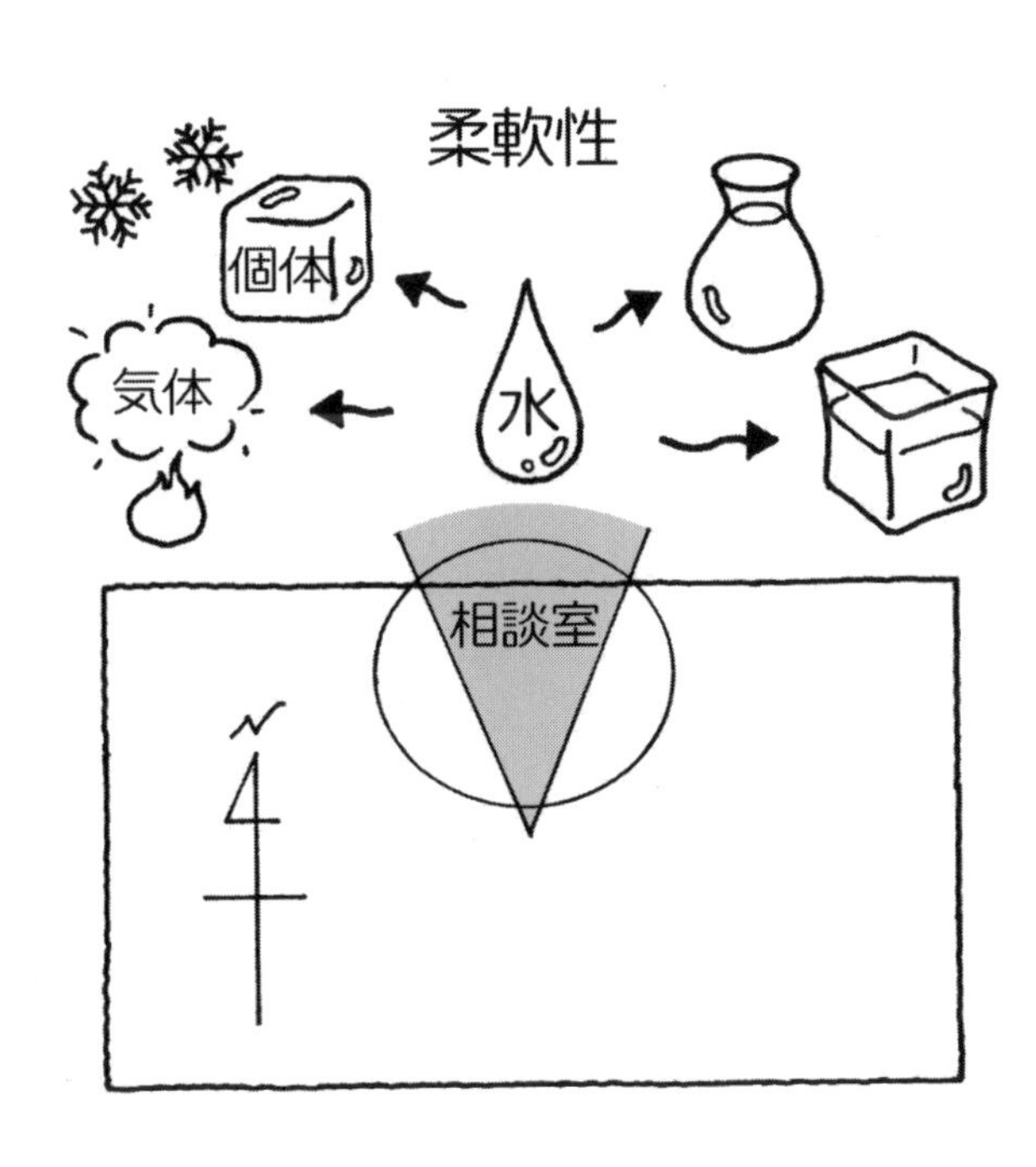

ヒント
18

商談・打ち合わせがうまくいく

商談や打ち合わせがスムーズに進むためには、東南方位と南西方位の象意が必要だと思う。

東南方位の象意には、成長・成熟・充実した状態を示す意味がある。しかも、穏やかにその状態を維持してくれる。穏やかな象意を持つことが重要なのだ。

ビジネスというと、無駄を省いて効率優先が最適であるかのようだが、それだけで商談や打ち合わせがうまくいくなら簡単だ。書類や数字だけで商談が進むなら人間が介在する必要もない。書類の内容や数字の裏側にある意味を説明する人間の言葉があって、書類や数字は生きてくる。そして、説明する人間に穏やかな気がなければ、その意味が相手には伝わりにくいのだ。

この東南の穏やかな気をさらに活かすのが、南西方位の持つ土の精気だ。まさに包容力を表す象意なので、東南の持つ穏やかさとはとても相性が良い。

土は水ほどに形を変えることはできないが、岩石のような硬さもなく、それなりに自由に形を変えることもできる。雨水を優しく染みとおらせる柔軟性と、濁った水もろ過する清浄さも持ち合わせている。

商談や打ち合わせスペースを複数持つことができるのなら、東南方位と南西方位に配置してほしい。

たとえば、初期の段階の商談や打ち合わせでは、とにかく穏やかに進行する流れをつくることが大切なので、東南方位のスペースを利用する。詳細にはこだわらず、全体の流れを穏やかに整えるのがポイントだ。

流れができれば、今度は南西方位のスペースに移動する。細かな問題も南西方位の持つ包容力が流れを断ち切らずに解決に向かわせることができる。最初に流れができていれば、その後で問題が起きても対処が可能だが、最初の段階からつまずいていてはそうはいかない。とにかく**最初は穏やかな流れをつくり、問題の対処は流れに乗って解決を目指してほしい。**

家相という学問は、本質的にはとても効率的な学問でもある。問題解決の根本に複雑さを嫌い、物事をシンプルに穏やかに、そして、流れに沿って解決を図る。まさに、世の理でもある。

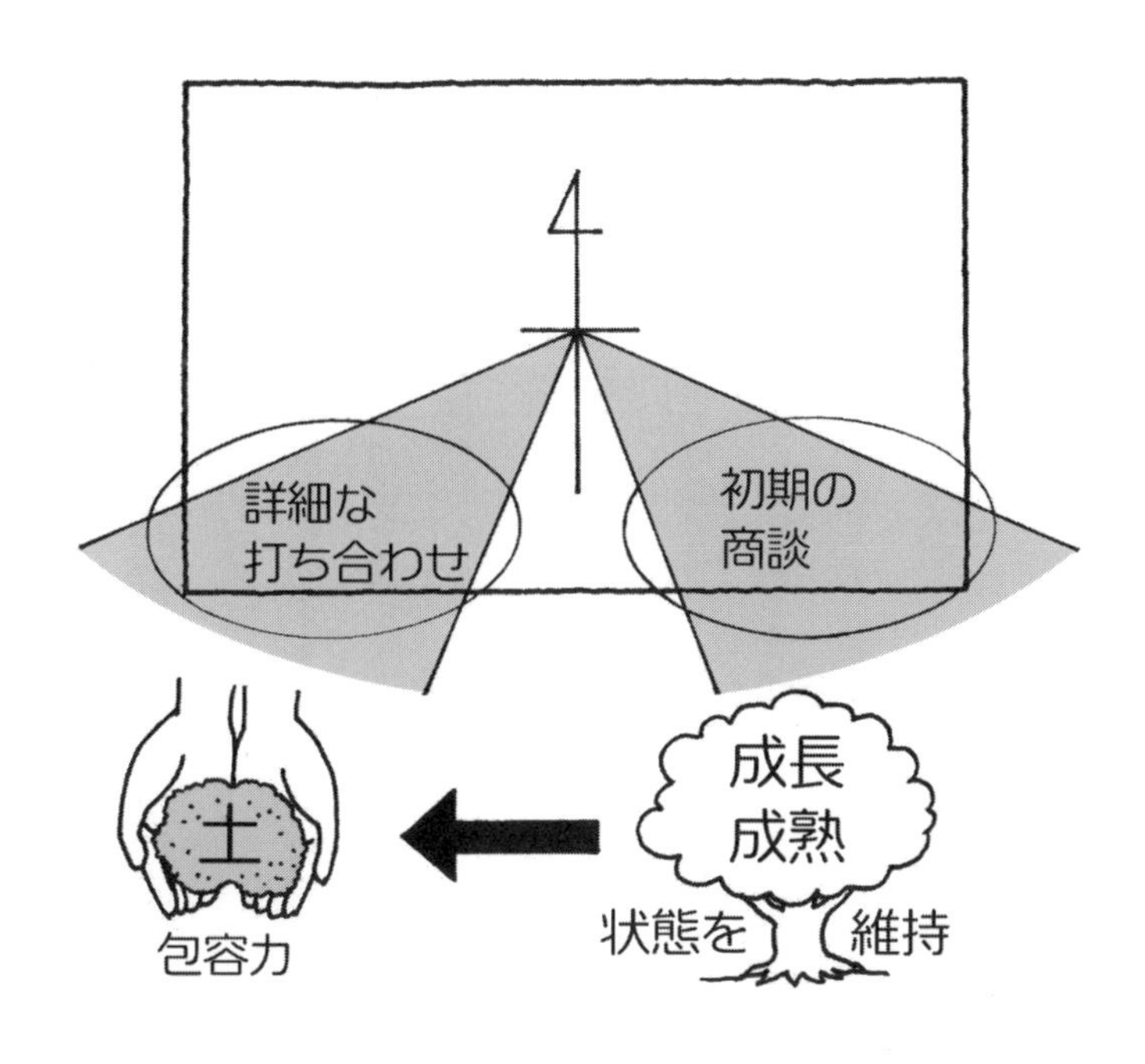

ヒント19

見積もりや契約がどんどん増える

見積もりや契約を増やすためには、西方位と北西方位の活用がポイントだ。

西方位は七赤金星の方位、この象意は精錬された金属を表し、金貨などの価値ある金属の意味を持つ。季節で言えば収穫の秋。厳しい冬から芽吹きの春、成長の夏を経て迎える秋には、物事が完結する力がある。

北西方位は六白金星の方位。七赤金星と同じ金星に属するが、こちらの示す金星の象意は鉱石・原石の意味が強く、磨かれる前の状態を表している。

2つの象意とも財産や実りを表しているが、使い方にはポイントがある。**これから契約を目指す新規顧客に対しては、まず北西方位を活用してほしい。**確かな形がないビジネスの卵は、北西方位・六白金星金星の象意に沿って磨きをかけてほしいのだ。**見積もりや契約に関する資料の整理など、北西方位のスペースを使用すると成果が上がる。**

次に、**契約という確かな成果を挙げるためには、西方位・七赤金星の方位を使用する。**もちろん、相手のために誠心誠意を尽くして対応してほしい。ただし、この方位は喜びや笑いという象意もある。その点、まじめ一方にこだわることなく、気の利いたジョークや相手を喜ばせるサプライズなどの効果も上がると思う。仕事上の実利も大切だが、まずは、相手を喜ばせること。笑う門には福来るではないが、これぐらいの余裕がなければ、開運事務所は実現できないと思う。

この**六白金星と七赤金星のもう1つの使い方としては、資金繰りなど金策を講じるのにも適している。**新規事業の立ち上げなどには先立つ資金の手当てが必要だが、そのための対策を考える場所として活用してほしい。

そのほか投資などを検討するスペースとしても良い。金銭のまつわることは、この2つの方位をうまく活用することで道が開けるはずだ。

また、**この2つの方位の象意がもっとも効果を増す時間帯は、夕方17時から夜の23時ごろ**といわれているので、この点も考慮しながら活用してほしいと思う。

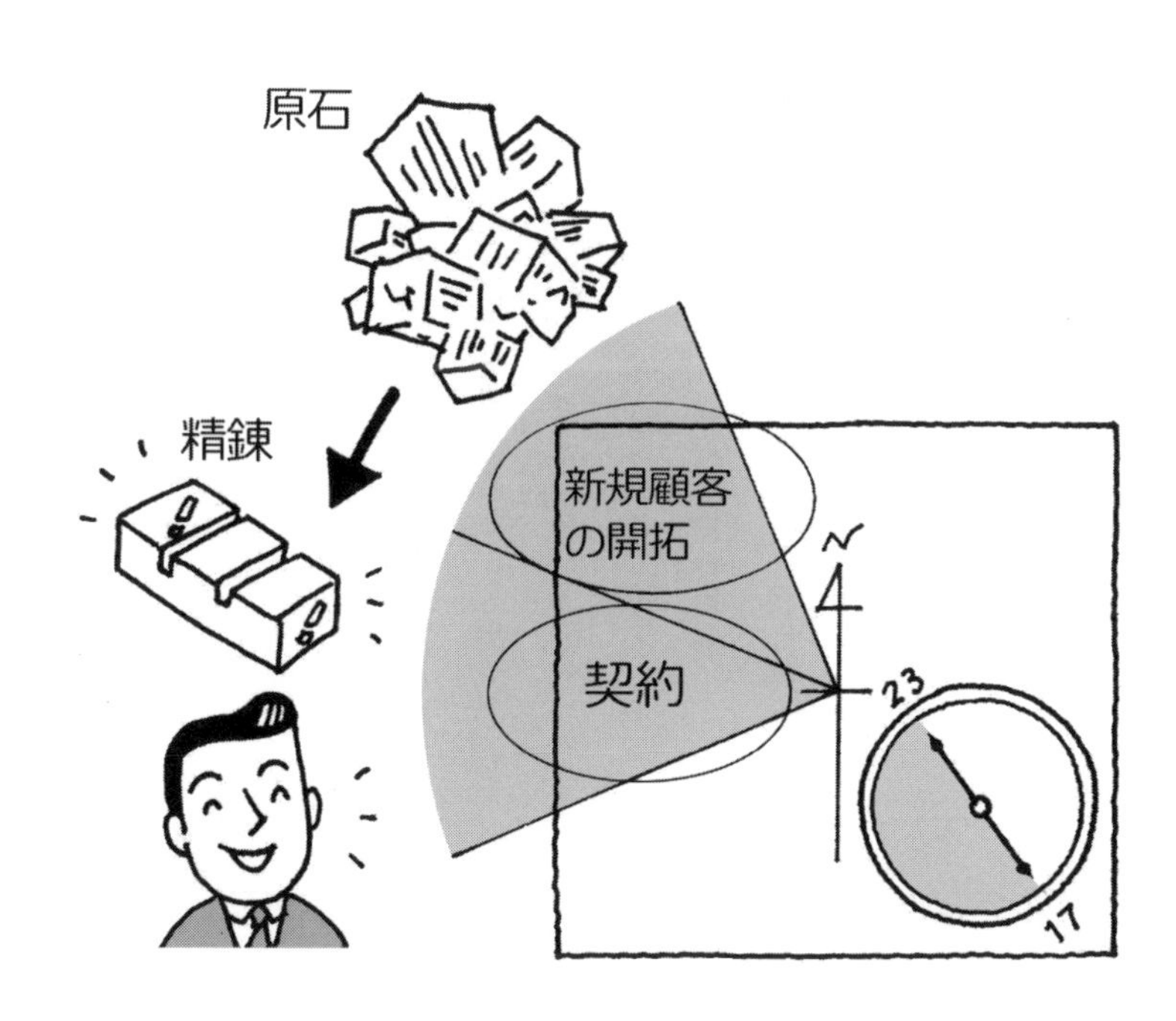

引き合いが途切れない

幸運を引き寄せる人は、明るく陽性の人が多い。明るい人のまわりには明るい人が集い、根暗な人には根暗の人たちとの関わりが深まるのは当然だ。もちろん、方位にも陰と陽があるので、それぞれに適した使い方がある。

北東方位の八白土星は、陽性の象意を持っている。北東というとあまり日差しもあたらず、じめじめとした暗いイメージを持つと思うが、本来は高台や山を表す陽性の土の方位なのだ。陽性であるため、万事に器用で丁寧であり、努力する象意も持っているので、**この方位をうまく活用すると人から好かれ、結果として引き合いが途切れなくなる**。まじめにこつこつ積み重ねた努力が認められるので、この北東方位を大切にしてほしい。

ただし、難点もある。それは協調性に欠けるきらいがあるということ。器用・努力・丁寧・辛抱・熱心の象意の裏には、頑固・思い上がり・独りよがりが潜んでいる。この難点を発露させないのが経営者の役目であり、腕の見せ所だ。**象意の良い面を引き出し、悪い面を出させない**。これが鉄則だ。

東方位の三碧木星も陽性の象意を持つ方位。季節で言えば春、物事を進展させる力がある。また、地中からふるい出る雷の象でもある。

雷の音は周囲に響き渡るがその実態は見えず、激しい雷鳴が人を驚かせたとしても一時的で、やがて何事もなかったように収まってしまう。このことから、際立ったアイデアは湧くが長続きしないという傾向も出てしまう。

人を驚かせるようなインパクトのある事業に適しているので、うまく活用すれば引き合いが途切れることはない。ただし、引き合いだけに終わってしまう傾向もあるので、しっかりと引き継ぐこともポイントなのだ。

引き合いを絶やさないためには、陽性の象意を持つ方位の活用が欠かせない。北東方位と東方位の陽性は、これに適した象意を持つので十分に活用してほしい。

ただし、反響を得ることのみにとどめて、適切な部署に引き継ぐこと。この結果、大きな実りを得ることができる。

ヒント21

雰囲気のよい活気ある事務所づくり

雰囲気のよい活気ある事務所を目指すためには、それに見合うエネルギーを得なければならない。南方位である九紫火星は、九星方位の中で唯一、火の精を与えられている方位。火はすなわち太陽を表し、当然、あらゆる方位の中で一番盛んな精気を持つ方位といえる。

火には闇を照らすという作用があり、文明・知性・芸術などの象意もある。業務の役割についても、表と裏があると思うが、**九紫火星は、まさに表のためにあるような方位。広報活動などにも利用できる方位**でもある。

社員のモチベーションを上げるためには、給料や福利厚生など待遇面での考慮も必要だが、これだけでは足りない。会社や社会に認められる心の充足感や仕事に対する誇りも必要。働くことを罪と考える欧米の文化もあるが、日本ではそこが違う。自分の仕事を通じて会社に貢献し、社会にも貢献しているという思いが、雰囲気のよい活気ある事務所をつくりあげるのだと思う。

社内に刺激を与えるという点では、東方位の三碧木星も活用してほしい。企画力が増し、発想も豊かになるので驚きのある提案ができる。社員の好奇心を刺激することが社内の活性化につながるのは自明の理。進取の気性こそ活気の源になる。

東方位の三碧木星で企画を立て、南方位の九紫火星を使って社内や社外に情報を発信すること。社員も会社も好奇心を持ち、溌溂とすれば事務所にも活気が出る。

そのためには、表を支える裏の充実も欠かせない。**手軽な方法としては、社内の整理整頓が挙げら**

れる。出入り口やトイレなど人目につきやすい場所は、常にキレイに整えていると思うが、倉庫などのバックヤードを整理整頓してほしいのだ。光を際立たせるのは闇があるからであり、闇が深ければ深いほど、より強烈な光となる。

月に一度でもいいので、普段目に付かない場所を意識的に片付けてほしい。しばらく続けてみると効果が表れ、事務所に活気が出るはずだ。

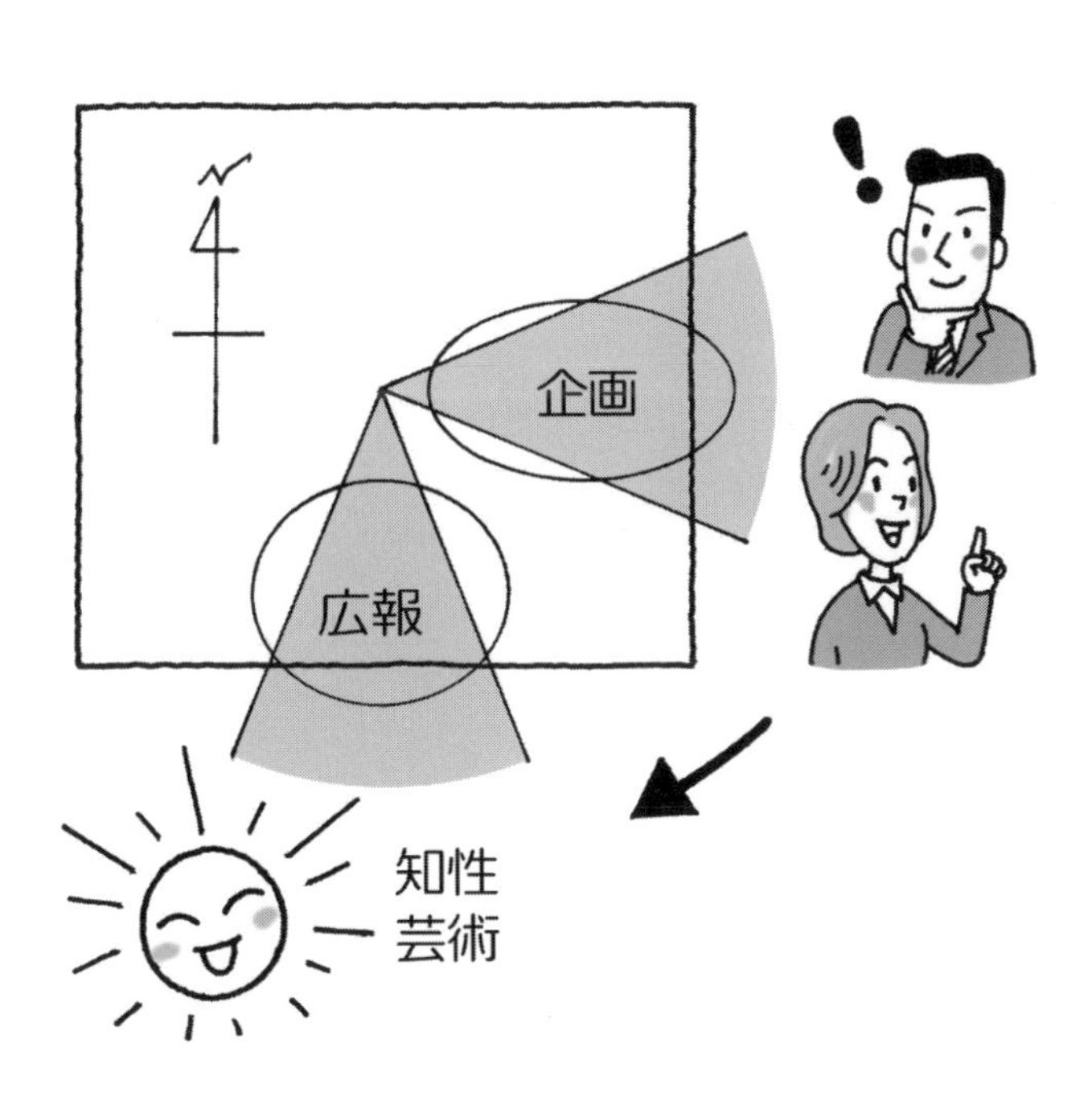

ヒント22

社員のモチベーションを高く維持する

社員のモチベーションを維持する方位の活用法として、**職種ごとに方位を使い分ける**方法もある。

たとえば、**水に関する職業の場合は、北方位・一白水星を大切にする**ことで社員のモチベーションが上がる。老舗の造り酒屋など豊富な井戸水を必要とする職種にも適している。もちろん、水道工事や船舶、海運に関わる職種も同じだ。

不動産や土木に関わる職種の場合には、南西方位・二黒土星を大切にしてほしい。大地に関連する職種すべてに有効だ。

音楽や通信など音に関わる職種では、東方位・三碧木星の方位。そのほか、企画やイベント会社の場合も、この方位を活用すると社員のモチベーションが上がる。

動きまわると活躍する象意を持つ東南方位・四緑木星方位は、旅行や貿易、運送など交通に関わる職種に適している。

弁護士や医者、税理士などの職種に大切なのは北西方位・六白金星だ。指導的立場にある人に適し、専門分野のスペシャリストとしても大成させる。旺盛な向上心を満足させる仕事に向いている方位でもある。

飲食業や理容・美容業、エステやネイルサロンに適しているのは西方位・七赤金星の方位だ。社交性を高める方位でもあるので、この職種の社員には最適だと思う。

北東方位・八白土星の方位は、南西方位・二黒土星と同じように土木建築や不動産業に適しているが、どちらかと言えば、公共工事など公に関わる仕事に、より適している。この分野の仕事を専門とする会社ならば、北東方位・八白土星を大切にしてほしい。

芸術や美術などアカデミックな職種には南方位・九紫火星の方位が大切だ。俳優や歌手など芸能関係の職種もこの方位を活用することで道が開ける。情熱というモチベーションを燃やし続けるためには、南方位・九紫火星のパワーは欠かせない。

ヒント
23

とにかく間違えない正確で丁寧な事務処理を目指す

事務処理の正確さや丁寧さを求めるのであれば、北方位・一白水星と北西方位・六白金星の象意が適している。

北方位の一白水星は季節で言うと冬を指す。冬は情熱を表に出さず、必ず迎える春を待って冷静に準備する時でもある。一時的な勢いに流されることなく常に冷静に対処する静かなエネルギーがあるからだ。短期間に集中して結果を出す職種には向いていないが、努力を積み重ねて堅実な結果を出すには最適だ。

北西方位の六白金星も、季節で言えば晩秋から初冬にかけての時期を指す。本格的な冬を迎えるための準備の時期で、やりかけの事柄に結果を出す時期でもある。

この2つの方位をバランスよく使い分けることで、正確で丁寧な事務処理を実現することができるのだ。

事務処理といっても、常に正確さと丁寧さばかりを過剰に求めるわけではない。多少、正確性に欠けても締め切りなど限られた期間でおおよその数字を出さなくてはいけないケースもあるだろう。その場合には、北方位や北西方位の象意がマイナスに働くこともある。常時、事務作業するスペースが北や北西方位の場合には、一時的に東南方位から南方位のスペースを用意すると良い。短期間でおおよその数字をつかむのであれば、こちらの方位の象意が優れている。

普段の事務スペースが北方位や北西方位以外にあ

る場合には、決算など、特に正確性を求められる事務作業を行う際に、場所を移動するのも1つの方法だ。**スピード重視で概算を求める事務作業には、東南方位から南方位を使用する。**多少時間がかかっても、**とにかく正確で丁寧な事務作業を求めるなら北方位から北西方位で作業する。**仕事のサイクルに合わせて、作業する場所を移動させるのも1つの工夫だと思う。

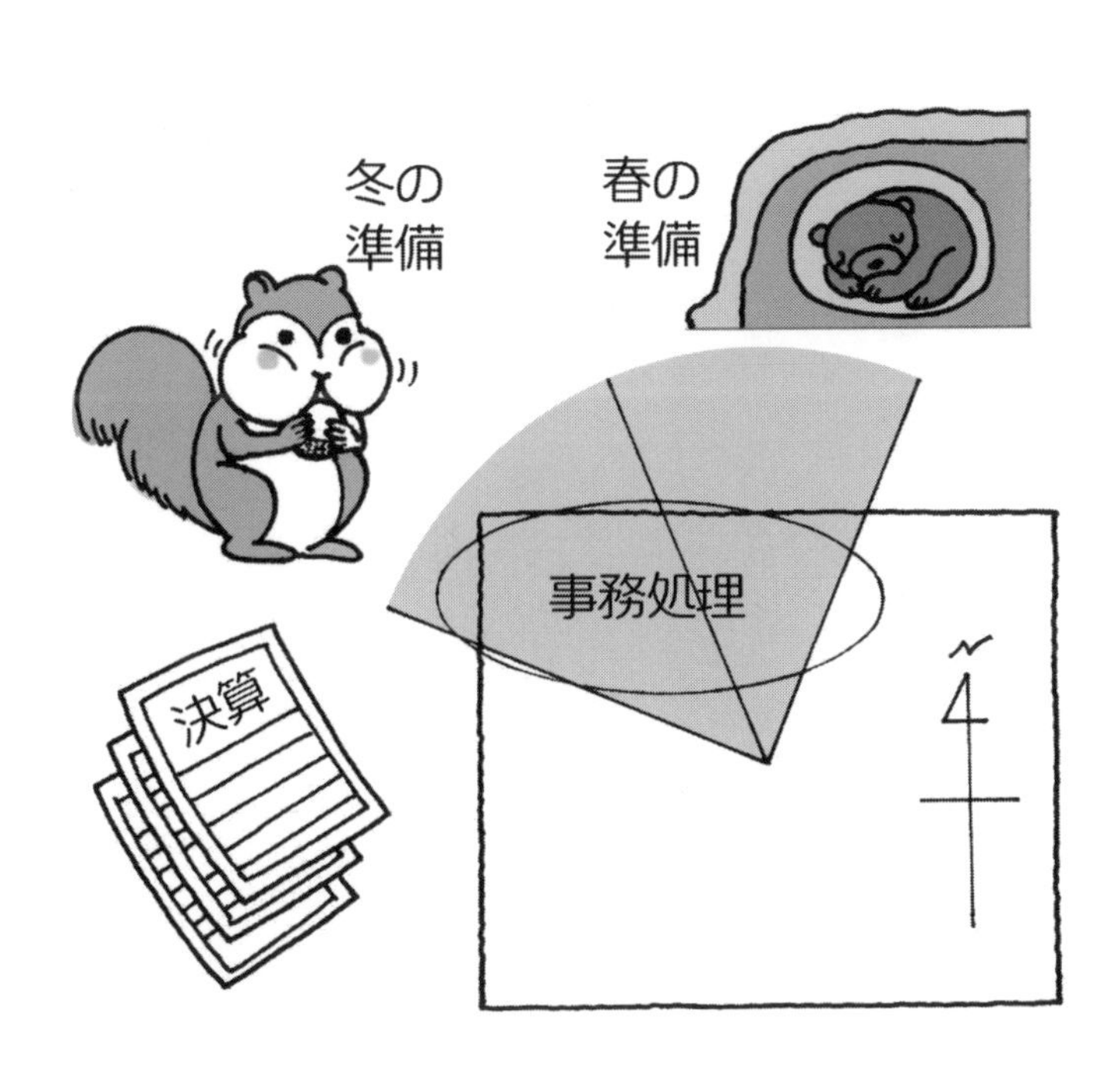

ヒント24

アイデアが次々にうかぶ

人間の思考には限りがないという。脳生理学などによると、本来、人間の脳の持っている潜在能力はとてつもなく高く、ほとんどの人はその能力のわずか数パーセントしか使っていないとも言われている。また、脳も筋肉と同じで、刺激を与えて鍛えることで活性化する。生まれたばかりの赤ちゃんは、地球上に存在するすべての言語に対応できる能力を持つが、両親の話す言語を認識すると、それ以外の能力を意識的になくしてしまうらしい。脳の働きやシステムについては、これからも1つずつ明らかになってくると思うが、**刺激を与えることが重要なポイントであることは間違いない**ことだと思う。

アイデアが次々にうかぶ事務所を目指すのであれば、どうやって思考を刺激してやるのかを考えればよい。

そのためには、**北方位・一白水星と南方位・九紫火星を使うのが最良**だ。

まさに水と火の関係にある両方位は、すべてにおいて正反対に位置している。

一白水星の性質は水、季節で言えば厳冬。時間では23時から深夜の1時までの真夜中を指し、色彩で表せば黒と白だ。

九紫火星の性質は火、季節で言えば盛夏。時間では午前11時からお昼の13時まで、色彩で表せば赤と紫となる。

これだけ違う象意をバランスよく使い分けることで、脳が刺激されてアイデアがうかぶのだ。たとえば南方位のスペースでは楽しいことを楽天的に思考する。そこから北方位へ移動して、辛くても冷静に処理しなければならないことへの対処を考慮する。

また、事業を発展させたり、業績を向上させたいときには南方位のスペースを使い、大きくなりすぎた事業の整理や利益率の向上など、シビアな問題には北方位を使う。

同じ問題を、同じ場所で、同じように考えても多彩なアイデアはうかばない。**方位の象意を知り、取り組む内容に合わせて場所も、思考も意識して変化させてやると、おのずと結果もついてくる**はずだ。

ヒント25

とにかく入ってみたくなるお店

私も店舗の設計を手がけるときには、まず、お客様の立場になって考えることからはじめている。どんな店舗でも、お客様が入りにくい設計では話にならない。設計だけではなく、照明やインテリアなど細部にこだわって計画し、さりげなくて入りやすい店舗を目指している。

一番のポイントは、何と言っても出入り口の方位。これが凶方位であればすべての努力がムダになる。

家相の原点に帰るようだが、**北東の表鬼門と南西の裏鬼門方位には出入り口を置いてはいけない。**

道路が突き当たったドンタク部分に出入り口を設けてもダメ。

また、**出入り口の上部にトイレなどの水まわりを配置しても運が落ちる。**

この3点は何としても考慮してほしい大切なポイントだ。

店舗の種類によっても出入り口の方位は変わる。

飲食店に関しては、何といっても西方位に出入り口を設けることが吉相となる。

西方位・七赤金星の象意には、口の喜び、すなわち飲食を表す意味がある。酒食をメインにした店舗ならさらに効果が増す。女性や男性がお客の接待をする店など、いわゆる水商売と言われる全般の職種はすべて、西方位に出入り口を設けると吉相なのだ。

飲食店や水商売以外の店舗では、東方位と東南方位に出入り口を配置すると良い。東方位の持つ進展性と東南方位の持つ協調性が人を呼ぶといわれ、また、一度訪れたお客様が何度も足を運ぶお得意様になってくれるありがたい方位なのだ。

ただし、**出入り口を良い方位に設置しても、その効果を台無しにしてしまう家相もある。それは、店舗の中央部にガスレンジなどの火気を置いてしまうこと。**

中央部にある火気は、その店舗に働く従業員のトラブルを誘発し、店舗内の気を著しく下げてしまうので、出入り口の吉凶にかかわらず繁栄できない。当たり前のことだが、その店舗で働く人間が穏やかでなければ、お客様も楽しむことはできない。中央部の火気と出入り口の方位に注意してほしい。

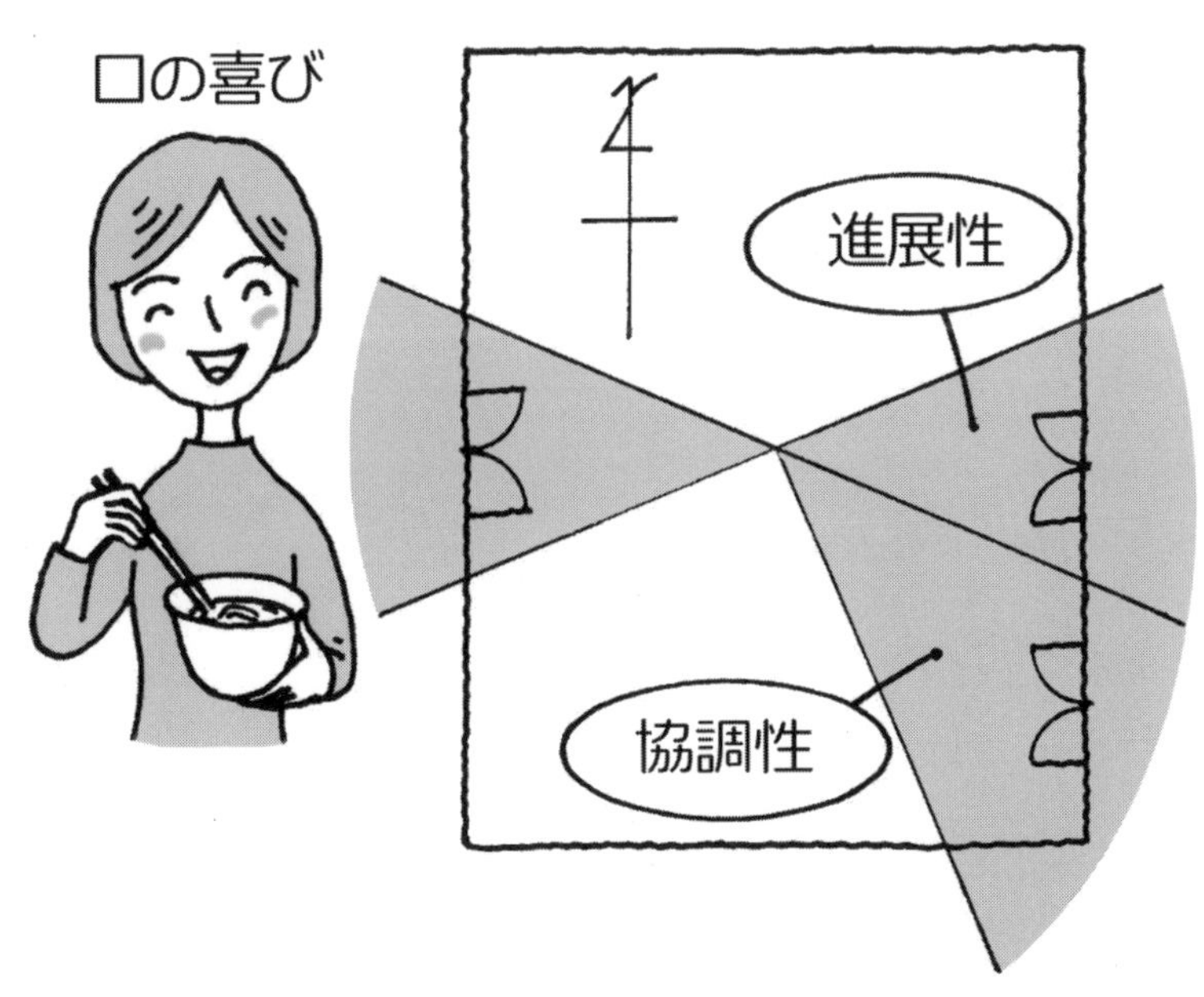

ヒント26

経営者・社員の健康を増幅させて効率よく働く

経営者や従業員の健康を増幅させて効率よく働くためには、事務所内にあるトイレの方位がポイントになる。

トイレを北東の表鬼門方位、南西の裏鬼門方位に配置してはいけない。最悪なのは、この鬼門方位にあって、さらに窓が設置されていないケース。これでは活き活きと仕事に専念することは難しいだろう。

トイレの場所を変更することができないのなら、トイレの便器のふたを閉め、換気扇を常に稼動させる。とにかく、よどんだ気が充満しないように注意してほしい。

この鬼門方位にガスレンジなどの火気がある場合にも、経営者や従業員の健康を害することがある。この場合には、精神的な不安定さからくるうつ病などが心配される。火気の影響は首から上の病に出やすいので、日ごろから神経を使う職種やもともと精神的に不安定な従業員を要している場合には、何としても避けてほしい問題だ。

九星方位は、その名のごとく9つの方位で成り立っている。それぞれの方位にはそれぞれの特色と象意があることは、すでに述べてきた。北方位には物事を整える力があるので、ここを大切にすれば、その場所で働く経営者や従業員も健やかに働ける。ただし、方位には多面性があるので、北方位の持つ神経質で暗い陰の精気が強くなると会社も人も暗くなる。つまり、すべての方位を大切にしなければ、そこで働くすべての人間の健康を増幅させることはできないとも言えるのだが、そこまで要求するのは現実的ではない。

そこで、少なくとも鬼門方位にはトイレや火気を配置してほしくないのだ。北東の八白土星は、陰から陽への大切な移り変わりを表すので、ここをマイナスにしてしまうと変化が大きい。

南西の二黒土星は、母なる大地として再生を司る象意ゆえ、他の方位に比べて影響が大きいのだ。

本来、人の健康は自宅の家相の影響が強いが、会社や事務所の鬼門に関しても、しっかりと考慮してほしい。自宅と職場の家相が磐石なら、大きな成果を得ることも可能だと思う。

第4章
あらゆる業種へ活かす！開運事務所への実践

ヒント1

税理士事務所

この章では、今まで私が相談を受けた実例を業種別で紹介したい。まずは、税理士事務所について紹介をする。

税理士事務所については、自宅マンションの一室で開業するケース、自宅を新築してその一室で開業するケース、ビルのテナントで開業するケースなどの実例がある。

自宅マンションの一室で開業したケースでは、ほとんど来客がなく、税理士自らが顧客の会社や自宅を訪問する営業形態だったので、特に玄関の方位に注意を払った。**玄関が北東の表鬼門や南西の裏鬼門、あるいは本人の十二支方位に配置されていないか**をチェックした。自宅の一室を使用する場合には、まずは玄関の方位を大切にすること。これが凶相だと喜びごとが少なくなる。

自宅を新築して、その一室で営業するケースでは、**自宅と仕事場をできる限り分離することを心がけている**。仕事の途中で頻繁に自宅に出入りすることなく、仕事とのプライベートの区別がはっきりする間取りが望ましい。玄関で振り分ける間取り、たとえば、玄関から入って右手に仕事場を設け、左手にプライベートを集中させる。内装などにも変化をつけて、気持ちが切り替わるようにするのも大切なポイントだ。

もちろん、完全分離が最良だ。1階はすべて事務所として、自宅は2階スペースとする。あるいは、自宅とは別棟として事務所を建てるなど、完全に分離することができると良い。

税理士という職業は、常に最新の税務知識を求められ、数字のミスも許されない厳しい職業だと思う。だからこそ、自宅と仕事場を分離し、公私をしっかりと分けることで心身共にリフレッシュできれば、マンネリに陥ることも防げるはずだ。

方位については、**北方位と北西方位を大切にすることで、正確な事務処理が望める。**マンションや自宅の一室で開業する場合には、この方位を活用してほしい。

事務所単独であれば、この方位に経営者の執務室を設けることで効果が上がる。

事務所の開業移転を考える際はしっかりと、家相の知恵を活用してほしい。

ヒント2

弁護士事務所

弁護士という職業も幅が広い職業だと思う。離婚や相続から債務処理、企業法務など、専門が違えば、適した事務所も違ってくる。

最近受けた相談の内容は、現在の事務所が手狭になったので、移転したいというものだった。現在の事務所は7年ほど前に開業したが、実はその事務所の家相についても、私がアドバイスしている。

ただし、依頼は弁護士本人ではなく妻からで、主人である弁護士本人には内緒の相談だった。家相についての理解が夫婦で異なり、はっきり言えば、主人はまったく家相を信じていなかったからだ。

しかし、この7年間で実績も上がり、手狭になった事務所を移るにあたって夫婦で話し合い、7年前のことも打ち明けて、夫婦そろって私の事務所に来訪された。

移転を希望する物件は、2階建てで、1階には別のテナントが入居しているが、テナントの形も大きな欠けもなく無難な構えだった。事務所のスペースも十分で、書庫などのバックヤードもしっかり取れる。図面での鑑定結果では特に問題がなく、引き続き、現地調査をすることになった。

現地調査の結果、周辺の雰囲気も良く、方位の確認や物件内の気などもチェックして特に問題はない。ただし、北方位から入る出入り口がわかりにくいのが気になった。

2階に昇る階段は北方位に設置され、昇り切ったところに出入り口がある。その出入り口の方位は北西なので、方位そのものには何の問題もない。

その点を弁護士本人に確認してみると、離婚や相続などの相談が専門なので、かえって目立たない場所に出入り口があることが望ましいのだという。相談者としては、人目を避けて事務所に入りたいそうなのだ。

一般的には、出入り口は入りやすく、目立つことが望ましいと思う。家相の知恵でも同じで、来訪者が入りやすくするのは当然のことだ。

ただし、相談の内容によっては目立つのがよくない場合もある。この点にも注意してほしい。

ヒント 3

不動産事務所

不動産関連の事務所については、建物の構えを大切にしている。構えとは建物の形のことだが、可能な限り吉相の張りを設けている。

吉相の張りとは、建物一辺の3分の1までの出っ張りのことだが、これより大きく張り出すと凶相の欠けになってしまうので注意してほしい。

張り出す方位は、北西方位と東南方位が最良。この2つの方位に吉相の張りを設けた構えを「複合相」と呼び、運気が上がると言われている。**北西方位は富や財産を象徴する方位**で、不動産など土地に関連する業種では特に大切にしてほしい方位だ。**東南方位は信頼・信用の方位**といわれ、人間関係にも恵まれるので、仕事上の揉め事も少なくなる。

反対に、北西方位に欠けを設けた事務所では、良い物件との縁もなく、業績も上がらない。東南方位に欠けがある事務所では、同業者との関係が悪く、紹介客なども見込めなくなってしまう。どちらにしても、良いことは何もないのだ。

今までの相談例で多いのが、駐車スペースからのアプローチが凶相になってしまうケース。事務所そのものの出入り口は鬼門などを避けて、家相学上、無難な方位に配置しているのに、駐車スペースを北東の表鬼門や南西の裏鬼門に取っているため、鬼門方位から人がアプローチしてしまう。この家相では、とにかくトラブルが多い。顧客との揉め事や信頼していた従業員が突然辞めてしまうなど、いろんなトラブルに悩まされてしまうのだ。

建物の1階部分をすべて駐車スペースとした「下駄履きの家相」と呼ばれるケースも多い。自社で使用するだけではなく、賃貸用の駐車スペースを確保するため、この建て方を採用した会社もあったが、結局、数年で倒産をしてしまった。

土地や建物など、大切な財産にかかわる業種なので、不安定な家相にしてはいけない。建物の構えやアプローチに気を使い、長く繁栄する開運事務所を目指してほしい。

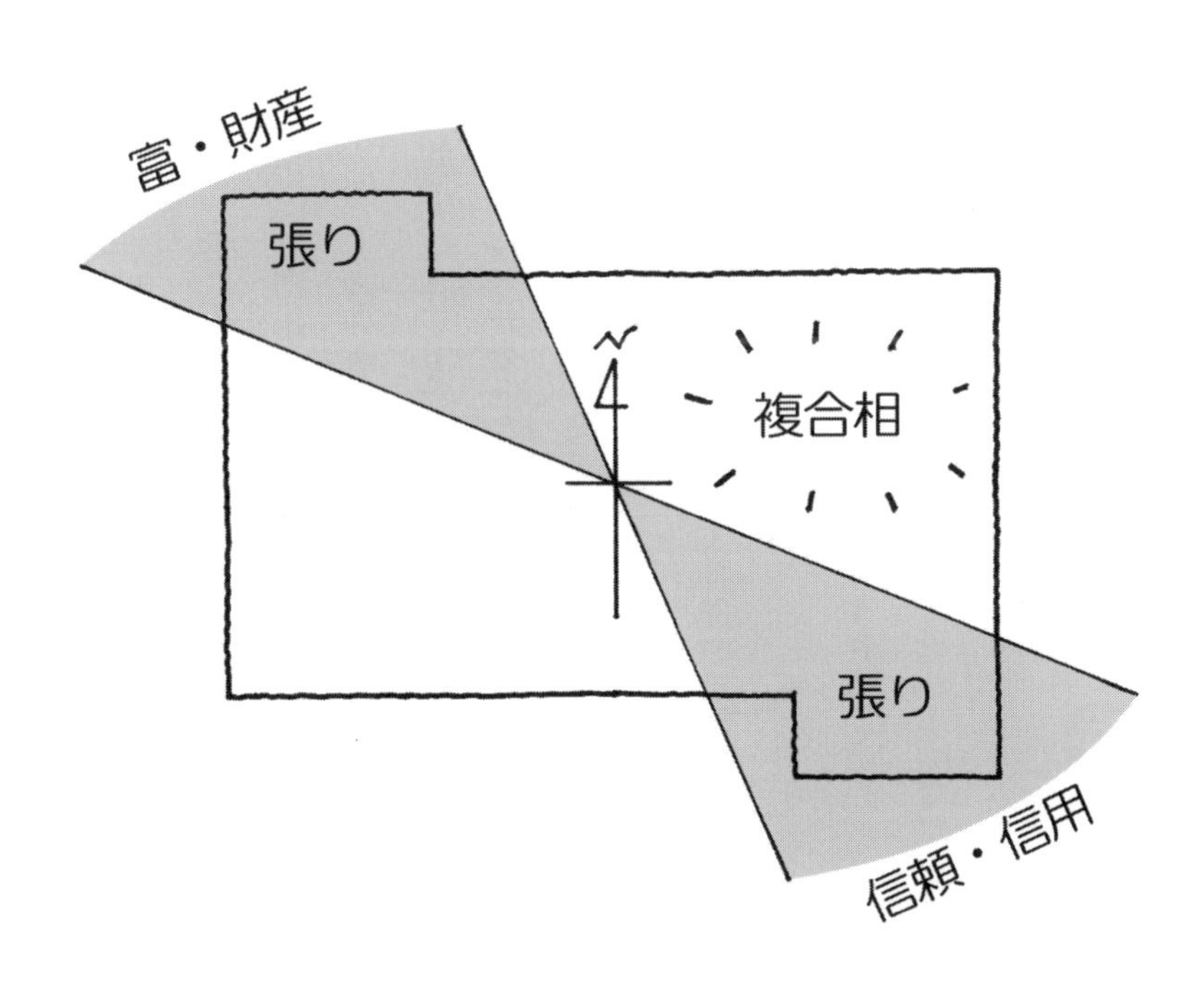

ヒント 4

工務店

一般の人たちからすれば、工務店なら家相や方位にも詳しく、自分たちの事務所でも家相や方位を取り入れ、無難なものにしていると思われるかもしれない。しかし、残念ながら実情は違う。まったく気にしていないところが意外にも多い。

施主が家相や方位を気にしていたら、それなりに対応してくれるのは良いほうで、「家相など考えていたら家にならない」と拒否するところもある。また短期間で急成長する工務店もあれば、あっという間に業績を落とすところも多く、浮き沈みの激しい業種という印象が強い。

今までの事例からすると、**長年にわたり堅実な業績を上げてきた工務店には、ほとんどのケースで立派な神棚がお祀りされていた。**家造りは神事との縁が深い。地鎮祭から始まって、上棟祭、清祓祭などあるが、それ以外にも、井戸を埋め戻す「埋井祭」、樹齢の高い樹木を切り倒すときに行う「伐木祭」などがある。御神事には、それぞれ意味があるが、工事に携わる人の安全や、そこに住まう人たちに思わぬ災いが降りかからないのを願うのは共通のこと。また、家造りに携わる工務店は、それだけ危険と隣り合わせの業種でもある。

建物の解体現場などで、古井戸の処置や古びたお稲荷さんのお社の扱いに困ったこともあると思う。正しい作法にのっとった処置をすればよいのだが、扱いを間違えると事故や業績の悪化にもつながる問題なので、普段からの社員教育が大切。神仏を粗末に扱わないことを教えていなければ、古井戸を廃材の捨て場にすることや、お社を重機で踏み潰してしまうかもしれない。

もちろん、その家の持ち主にも責任があるが、災いは、直接作業に携わった社員と工務店に降りかかることも忘れないでほしい。

家造りには大きな金額もかかるし、御神事などへ正しい対処もしなくてはならない。施主から、いつも喜ばれる会社であれば磐石だが、大きなマイナスの想いを受けてしまう危険をはらんでいる。工務店として長く繁栄を望むのであれば、神棚も大切にしてもらいたい。

ヒント5
学習塾・予備校

家相や方位を気にされる学習塾や予備校も多い。関東近県で10数校を運営している予備校とは、20年以上の長い付き合いになるが、教室の移転など必要な時には、必ず、私が現地調査を行っている。

現地調査の結果、家相学上、無難な物件を選び、受付や事務スペース、教室などのレイアウトについてアドバイスしているが、特に気を使うのが教室の配置だ。運営側の予備校からは、生徒数を増やしたいのはもちろん、授業を担当する講師にとって機能的な配置にしてほしいなどの注文もあるが、私が最優先するのは、黒板やモニター画面の向きについてだ。これを間違えると予備校の業績に影響が出てしまうからだ。

一番まずいのは、生徒同士が向かい合わせになってしまうレイアウト。これは、教室を仕切る壁の両側に黒板やモニターが設置されているからだが、こんな教室で授業を受けても、生徒の成績が思わしくなく、当然、予備校の評価も悪くなる。生徒同士が向かい合わせに座ると、おたがいの気がぶつかりあい、集中力が落ちるのだ。

実は、以前にこんな経験があった。この予備校の都内の教室でのことだか、2年続けて有名大学への入学実績が下がってしまったのだ。神奈川や埼玉など、他の教室の実績は例年通りで問題ないのに、この教室だけ結果が出ない。そこで私が現地調査をすることになった。出入り口や受付の方位など、以前に鑑定したとおりで特に問題はない。ただし、教室のレイアウトが変わっていた。6つある教室のうち、4つの教室で生徒が向かい合わせに座って授業を受けていたのだ。どうやら、教室の数を増やすためのレイアウト変更の際に、このような配置になってしまったらしい。すぐに修正を指示して、6つある教室のすべてを最良の配置に整えた。3か月ほどしてからもう一度現地で確認し、これなら大丈夫と安心してその年の結果を待ったが、有名大学への入学実績も良好で事なきを得た。

ある学習塾では、南に向かって勉強していた生徒を、北向きに変えるようにアドバイスし、これだけでも、生徒の成績が上がるという成果が出たケースもある。

同じ時間、同じ内容の授業を受けても、生徒の向きだけで結果も違う。ぜひ、活用してほしいポイントだ。

ヒント6

美容室・理容室

美容室や理容室の場合には、各地域の組合によって、料金やサービスの内容、休日なども一律の場合が多い。中には、月に一度は日曜日を休日とし、家族サービスができるように工夫している地方もある。

美容室や理容室の場合には、出入り口の方位が大切だと思う。北東の表鬼門、南西の裏鬼門に出入り口を設けてしまうのは、何としても避けてほしい。

鬼門方位の出入り口は、どの業種にとっても凶相だが、美容室や理容室への影響は特に大きいように思えるのだ。今までにも、何の問題もなく順調に経営してきたお店が、増築や移転をきっかけに業績が悪化してしまうケースは結構多い。同じ人間が同じ場所で、今までと同じサービスをしているのに客足が落ち、あっという間に寂れてしまうこともあった。そうした状況に陥り「家相や方位の問題としか考えられない」と、私の事務所に相談に訪れた経営者もいた。

お店の出入り口は鬼門方位を避けて設置するのはもちろんだが、明るく、清潔な出入り口にもしてほしい。方位は良くても、暗いのはダメだ。お客さんに暗くて汚いイメージを持たれてはいけない。**照明や観葉植物、看板やサインボードなどを活用して、明るくて清潔感のある出入り口にしてほしい。**

また、最近では、店の中の見通しが良く、オープンなイメージの店舗は好調のように思える。経営者に話を聞いてみると、顧客が外から従業員の服装や態度、あるいはインテリアなどが見えると安心感が生まれるということのようだ。完全予約制で、個室にこだわった店舗もあるが、一般的にはオープンなレイアウトが好まれているらしい。

近年においては、いわゆる組合に属さない低料金の店舗の進出が激しく、美容室や理容室のあり方そのものが変わっている。店舗の数も多く、競争も激しい中では特に鬼門方位など、努力が報われない方位に出入り口を設けてはいけない。方位だけではなく、明るく清潔な出入り口とし、開放感のあるオープンなレイアウトを心がけてほしい。

ヒント7

飲食店

飲食店といっても、ラーメン屋、蕎麦屋、定食屋、レストラン、居酒屋、スナックなど多種多様だ。今までいろんな飲食店の相談を受けたが、飲食店は家相の影響を受けにくい業種のように感じている。

たとえば、店舗の立地から設計、デザインや接客にこだわったとしても、出された料理がまずくて高ければ繁盛しない。反対に、家相が悪くても、料理が安くてうまければ繁盛する。要するに、家相の影響よりも人間の欲、食欲の影響が強いからかもしれない。以前、パチンコ店の家相相談を受けたが、このときも同じで、人間の欲望は家相の影響を超えるとも感じた。

ただし、一食が何万円もする高価な料理を提供する店など、「安くてうまい」を売り物にしない店は別だ。こちらは、他の店舗と同じ用に家相の影響を受けるので、店舗の構えから出入り口の方位、火気の位置など慎重に配置する必要があるのだ。

居酒屋やキャバクラ店の相談も受けたこともあるが、このように、お酒や女性の接待を主とする店も、家相の影響は少ない。ただし、特に男女間のよろこびごとに縁が深い西方位に出入り口を設ける家相は別で、この影響は強い。そんな店はよく繁盛している。

キャバクラを数点経営している方からの依頼で、その店舗の現地調査をしたことがあるが、やはり、売り上げ成績ナンバーワンの店の出入り口は西方位にあった。南西の裏鬼門方位に出入り口のある店もあったが、売り上げの数字には特に問題はないのだが、接客するホステスの出入りが激しく、売掛金の回収に苦労することも多いそうだ。こんなところに、裏鬼門の凶意が現れているのかもしれない。

また、道路から一段下がっている店舗や地階の店舗も、家相的にはマイナスだ。一般的には避けてもらうが、飲食店の場合には、そこのハードルも低くして判断している。

単純に空腹を満たし、楽しく酒を飲みたいなら家相の影響も少ないかもしれない。ただし、居心地のよさややすらぎといった幸福感を求める顧客には、やはり、家相の知恵を活用した店舗づくりが必要だと思う。

ヒント8

歯科医院・医院

歯科医院や医院、病院など医療系の業種の方との縁も多い。歯科医院といっても、もともと実家で開業していた5階建ての病院をリフォームした規模の大きなものもあるし、狭小地に無理やり建てた小さなものもある。医院も同じで、個人経営の小さなものから、大規模な病院まで携わった。

歯科医院の先生方には、「患者さんたちは、ここに来たくて来ているのでなく、仕方なく来ているんですよ」とアドバイスすることも多い。**先生の側からの都合だけで設計しても、患者さんは喜んでくれないので、患者さん側の視点で設計することも大切なポイントだ。**

ずいぶん前になるが、群馬県で歯科医院を設計したとき、待合スペースに子供たちが遊べるスペースを設けたことがあったが、これが好評で子育てが大変なママたちにも喜んでいただいた。当時はこうしたスペースを設ける事例は少なかったが、患者さんの気持ちになって考えれば、自然とこのような設計にもなる。もちろん、家相も大切で、絶対にあってはいけない医療事故などを防ぐためにも、その知恵を活用してほしい。

歯科医院では、東方位を大切にしてほしい。東方位は音に関連する象意の方位なので、この東方位に凶相の欠けがあるのは最悪なのだ。歯科医院と言えば、あの歯を削るいやな音を想像する人も多いと思う。ここが大きく欠けていると患者さんからのクレームにつながるので、注意してほしい。

また、歯科医院や医院を経営する先生たちには、**医院と自宅を、それぞれ別の場所にすること**もアドバイスしている。患者さんや近所の人たちは、車を買い替えたとかゴルフや旅行に出かけたなど、よく観察している。いらぬ妬みを受けない工夫も大切だ。どうしても医院と自宅が同じ敷地になる場合には、患者さんや近所の人たちの目も考慮した設計にすること。こんなときにも家相の知恵は有効で、それぞれの建物のアプローチや建物と建物の間をフェンスや植栽で仕切るなど、対策も可能なのだ。

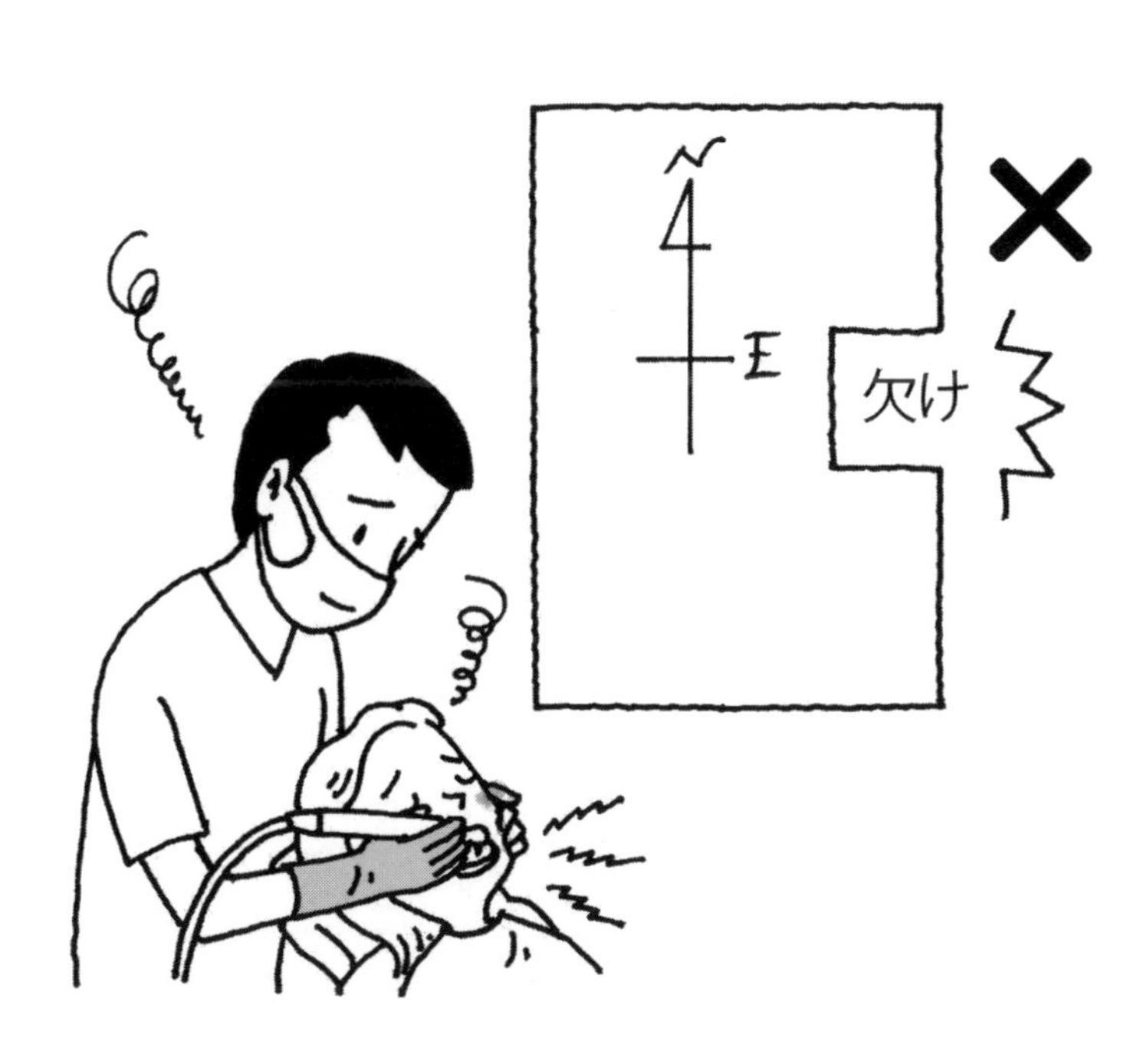

ヒント9

営業系事務所

営業系の事務所についても、家相的なポイントがある。自社ビルでも、テナントビルの一室を使用する場合でも、そのビルの立地条件と構えが重要だ。

注意してほしいポイントの1つは、道路との関係だ。**建物に対して道路が突き当たる家相、いわゆる「ドンタク」の物件は避けてほしい。**このドンタク部分にメインエントランスがあるのがもっとも悪い。

1階部分が駐車場となっている家相、これは「下駄履き」の家相と呼ばれるものだが、こんな建物で営業しても業績は上がらない。

建物の1階よりも2階以上が跳ね出した立体的な欠けのある建物もダメだ。小さなものであればよいのだが、大きく欠けている建物は避けてほしい。

メインエントランスの上部にトイレがある建物もまずい。**建物の顔でもあるエントランスの上部に不浄物を配置してはいけないからだ。**

この4つは、すべて運気を著しく落とす凶相なので、このような建物の自社ビルやテナントビルに入居してはいけない。今までの経験でも、このような凶相の建物から移動して、業績をアップした営業系の事務所も多い。営業にはもちろん努力も必要だが、運が悪くても結果が出ない。とにかく、これらの運気の落ちる家相には注意してほしい。

以前からお付き合いがある関西地区に本社を置く営業系会社から相談を受け、東京支社移転のアドバイスをしたことがある。業績も好調で、社員数の増加に伴う、うれしい移転話だった。今後の発展も視野に入れて、社員の増員なども考慮した広めのテナントに決めたが、結局、2年後には、手狭になってしまった。そこで、支店長から、隣のフロアが空いているので、そこも一緒に使用したいと相談があった。

もう一度現地調査をすると、その空いていたフロアの窓から、隣にある大きな寺院が丸見えで、あまり雰囲気がよくない。結局、そのフロアは使用せず、既存フロアのレイアウト変更などで対応した。

とにかく、運気を落とさないこと。これが大切だ。

ヒント 10

デザイン・開発系事務所

デザインや開発系の事務所の場合は、南方位の象意が大切になる。 南は火の星、闇夜を照らすエネルギーの高い方位で、芸術的センスにも恵まれるという。また、その反対にある北方位は水の星、こちらも潜在的なエネルギーはとても大きい。この2つの方位を大切にした事務所選びが大切だ。

この北方位と南方位に欠けのある建物は避けること。この部分が欠けていると、その方位の持つ象意の恩恵を受けることができない。

デザインや開発系の事務所の場合、一般の事務職とは違い、夜の作業も多くなる。以前相談を受けたデザイン系の事務所では、オーナーの希望で、開発部門のスペースには窓をとらないというものがあった。アイデアをひねりだすのに外が見えては気が散るし、夜の作業が多いからとの事だが、やはり、窓のない部屋では、家相学上も、マイナスになってしまう。

確かに、デザインや開発という仕事には特殊なものがある。北欧の家具や建築など私も好きだが、優れたデザインの源には、白夜という特殊な気候風土があるとも言われている。白夜という、夜になってもまったく暗くならない生活で人間の感性が適度におかしくなり、その結果、芸術的センスが磨かれるというのだ。そう考えると、窓のない部屋をつくるのも1つの方法だが、やはり、家相学的に違和感はぬぐえない。

そのオーナーと相談した結果、天井近くに明かり取りの窓を設け、足元にも窓を取った折衷案のような設計に落ち着いたが、社員の方からは「窓があってよかった」と喜んでもらえた。

もう1つ、気をつけているのは、「遊び」や「ゆとり」を意識すること。天井の高さを思い切って高くするとか、吹き抜けを活用する設計も多く提案した。効率的なレイアウトにせず、あえて無駄なスペースを作ったこともある。もちろん、家相を大切にするが、そこから一歩踏み出さないと進歩がない。この試行錯誤をすることで、家相は進化していくのだと思う。

ヒント11 税理士事務所

ここからは、いくつかの実例について、図面などを使って、さらに詳しく説明する。まず、東京都で開業する税理士事務所を取り上げたい。

この事務所は、もともと別のテナントビルで開業していたが、その駅周辺の再開発により、新しいテナントビルに入居することになった。そのビルのオーナーが、古くからその税理士事務所の顧客だったという縁もある。入居することは決まっているが、家相や方位の悪影響を極力避けるために、私に相談があった。

駅至近の好立地で、南道路に接しているため、ビルオーナー専用のエントランスは南方位で問題はない。だが、もう1つのテナント専用エントランスは、残念なことに南西の裏鬼門方位に設置されていた。

これで、事務所への出入り口が同じく裏鬼門であるとよくないが、完全に鬼門を外れて西方位に入っていた。また、通常、社員や顧客は南西の裏鬼門の階段を使わず、鬼門を外してエレベータを使用するので大きな影響を受けない。

エレベータホールから入ってすぐ、フロアの中心近くを応接スペースとして、北側には所長を含めた責任者のデスクと執務スペース、社員のデスクは東から南方位にレイアウトを行い、経営者の指示と社員の意見がバランスよく行き届く配置とした。

また、いつ訪れても、エレベータホールはとても清潔で、所内の雰囲気も明るくて気持ちがよい。裏鬼門に位置するエントランスのマイナスを補うために経営者以下、社員全員で心がけている結果だ。

限られた条件の中で最良を尽くし、やれることから確実に対処する。これが大切だ。

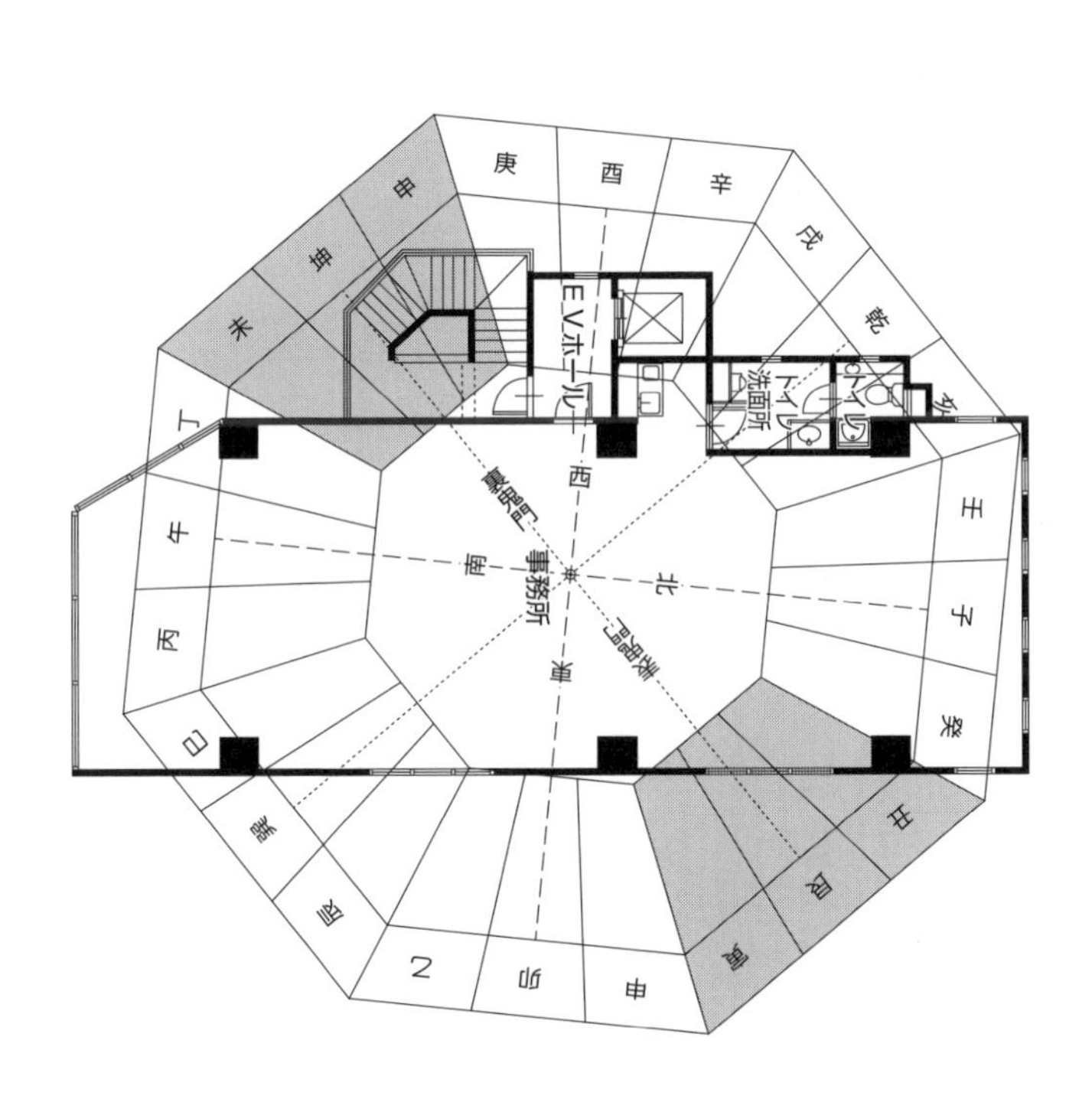

ヒント 12

歯科医院

次に紹介するのは、毎日多くの患者さんたちが診療に訪れると評判の歯科医院。宮城県で開業されている。

もともと旧医院は、新たに建てる医院の東側の敷地で開業しており、院長先生のご自宅も併用されていた。私がはじめて相談を受けたのはそのころで、まずはご自宅を別の土地に移すことをアドバイスした。医院と自宅が同じ建物では、仕事とプライベートの区別がつきにくい。また、間取りにも、家相の問題があり、このままでは院長先生の健康面が心配だったからだ。

幸い、医院からすぐ近くに土地が見つかったので、そこに自宅を新築することになった。

しかし、その土地を現地調査してみると、とにかく土地に元気がない。古家を解体撤去して、きれいに整地されてはいるが、どんよりと重たい感じがして、とても家を建てたいとは思えないのだ。そこで、整地の際に搬入した土に問題があると思い、その土をすべて撤去し、新たに良質の山土を運びこむ手配をした。

当初、解体業者は「搬入した土に問題はありません」と主張していたが、思ったとおり、いわくがあったようで、すぐさま工事を行い、1か月後にあらためて現地調査を行うことになった。

結果はとても良好で、院長先生や施工業者の皆さんにも、その違いがはっきりとわかるほど。なんとか、自宅の新築が始まることになった。

私が設計した吉相の自宅に院長先生が住んでからは、来院者数が増え続け、予約した患者さんでも長時間お待たせすることとなり、待合室に入りきれない患者さんまでいる状況となった。このままでは患者さんに申し訳ないと、増築なども検討していたが、幸運にも、地続きの敷地を手に入れることができたので、医院の新築を計画することになった。

新医院の計画については、旧医院と新医院を渡り廊下でつなぐ案、旧医院と新医院を並立して開業する案、新医院をコンパクトにまとめて2次計画で増築する案、新医院を平屋で新築する案、新医院を2階建てで新築する案など、いろんな案を検討し、その結果をひとつひとつ積み重ねた上で、現在のプランにまとめることができた。

◆1階

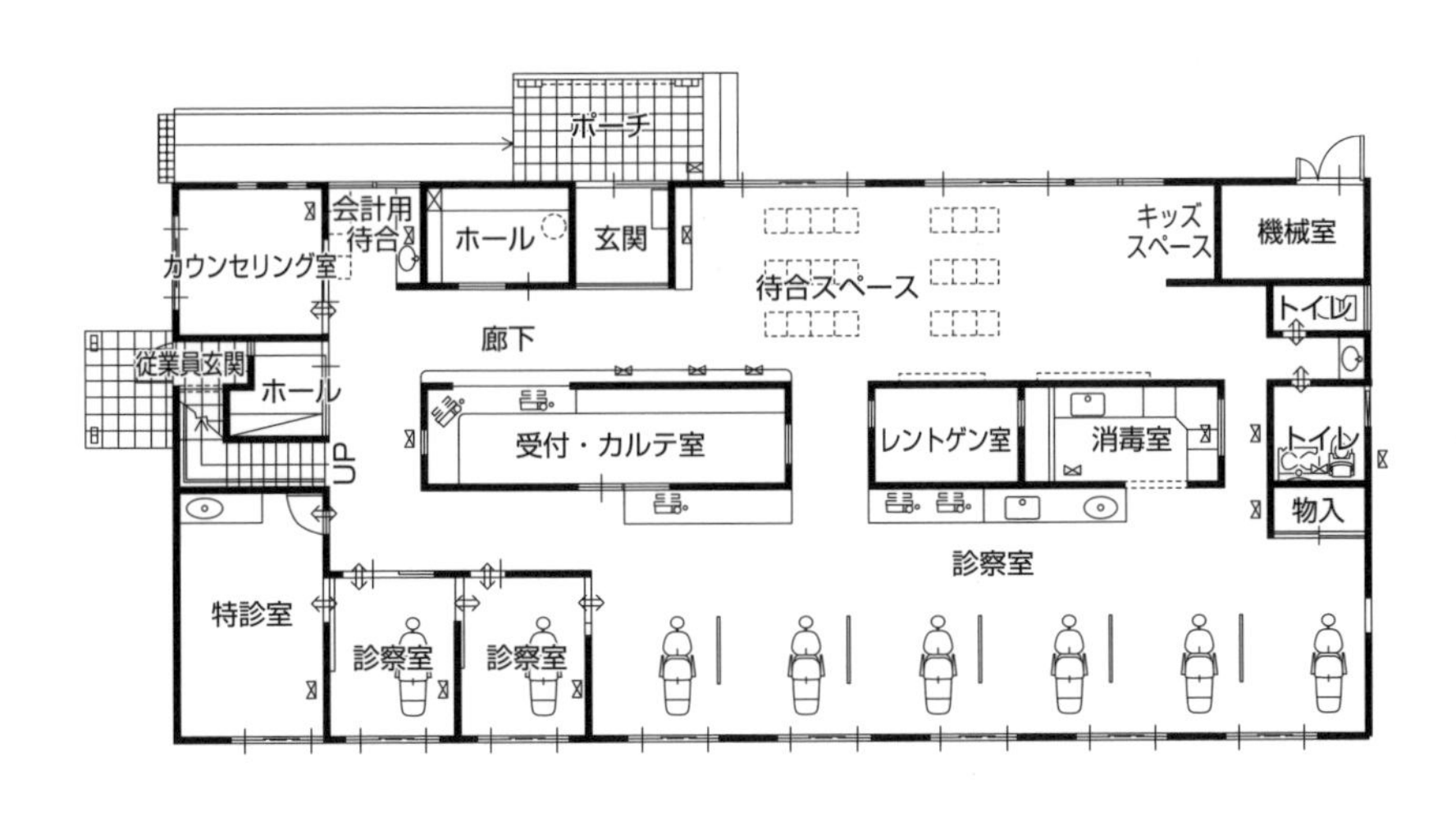

新医院は、建物の構えを無難な長方形とし、出入り口は吉相の北西としてある。北道路に接した敷地の場合は、この北西方位に出入り口を配置することが最良で、北東表鬼門などの凶相方位に配置してはいけない。

出入り口正面にある受付は、診察前と診療後の患者さんを別々に対応できるように設計した。患者さんの中にはインプラント治療など、高額の支払いを他の人に知られたくないケースもあると想定したからだ。患者さんは受付から待合スペースに向かい、次に診療が終わると待合スペースには戻らず、会計へ移動する。近くには会計専用の待合スペースと身づくろいのための洗面台も用意してある。回遊式の設計として、患者さんのことはもちろん、院長先生やスタッフの動線も考慮したつもりだ。

2階には、北西方位に院長室を配置した。北西は一家の主の定位であり、この方位に院長室を配置することで、経営者として的確な判断を下すことができる。そのほかには、主に休憩に使うスタッフルーム、火気や水の位置を無難に配した技工室、応接やミーティングのためのスペース、カルテなどの収納スペースなどを用意した。

院長先生からの要望で、患者さんをお待たせしないために診療イスの数を増やし、個室を含めて全部で9脚とした。旧医院と同じように、診療イスからは南側の気持ちのよい景色も眺められる。待合スペースは余裕をもって設計し、患者さんの駐車スペースも増やしてある。

工事着工日やオープンの日取りについても、すべて私が吉日を選び、工程どおり、支障なく竣工することができた。

新医院オープン後、今までのように待合スペースからあふれてしまう患者さんもなく、スタッフからも働きやすいと好評だった。

患者さんの数もさらに増えてしまったが、今のところオーバーフローする心配はない。もっと増えてしまいそうなのが、唯一の不安だ。

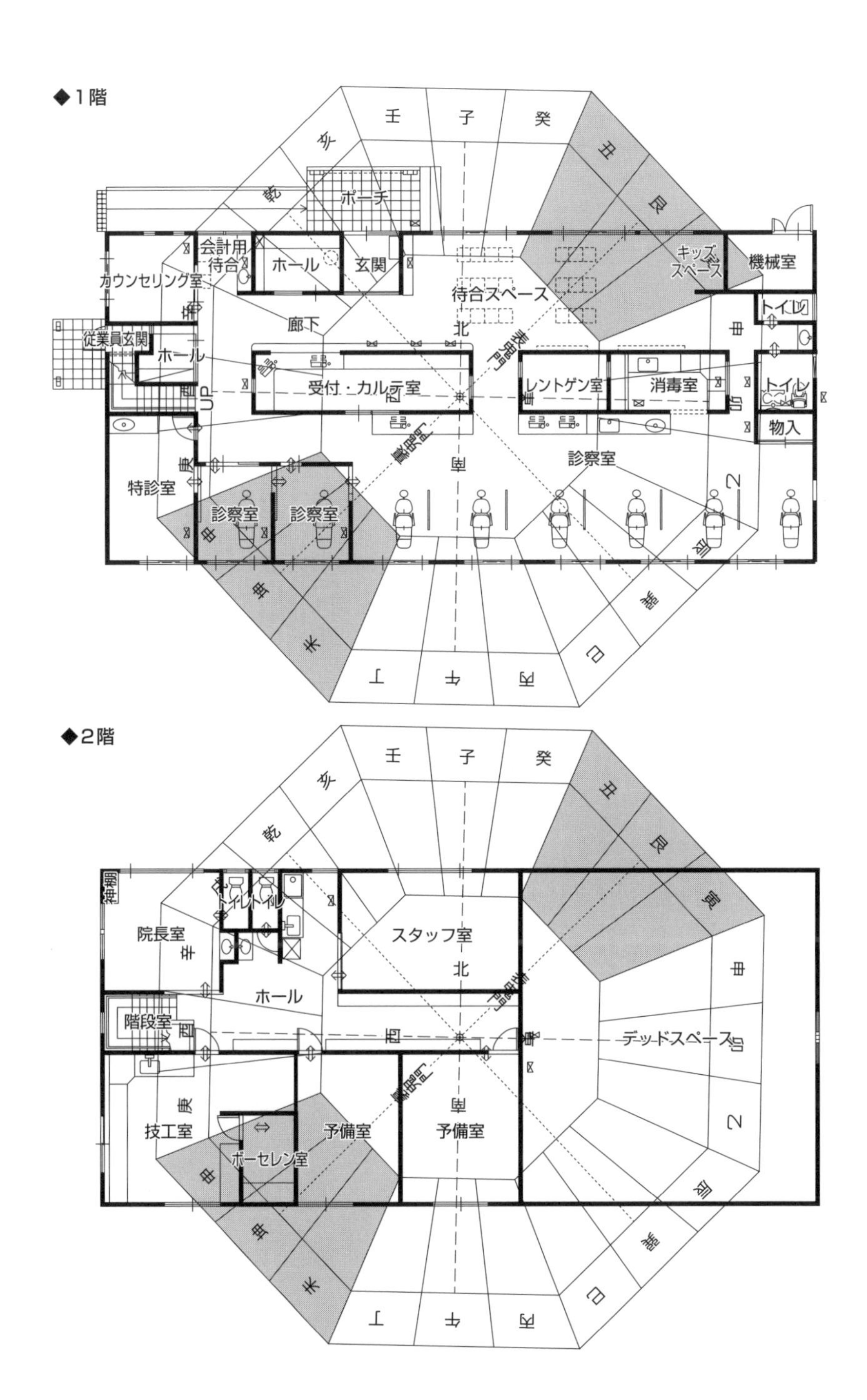
◆1階
壬
子
癸
亥
丑
乾
艮
ポーチ
会計用待合
ホール
玄関
キッズスペース
機械室
カウンセリング室
待合スペース
トイレ
廊下
北
従業員玄関
ホール
受付・カルテ室
レントゲン室
消毒室
トイレ
UP
物入
特診室
診察室
診察室
診察室
丁
午
丙
巳
◆2階
壬
子
癸
亥
丑
乾
艮
神棚
トイレ
トイレ
院長室
スタッフ室
北
ホール
階段室
デッドスペース
技工室
予備室
予備室
ポーセレン室
丁
午
丙
巳

ヒント
13

保育園

ここで紹介する岡山県の保育園は、すでに1年以上前から建て替え計画を進め、来年には新園舎を竣工させる予定の計画だ。最初の依頼は、まず、建て替えに際して仮園舎を建てることになったため、その候補地の選定をしてほしいというものだった。そこで、取り急ぎ現地へ向かうことになった。いくつかあった候補地の1つに、現園舎から幾分距離はあるが、家相学的に無難な物件があり、そこを候補地に決め、その後の打ち合わせのために現園舎へ向かった。

現園舎に着いてから、建物や敷地を見せてもらったが、現園舎の建っている南西側は公園になっていて、そこでは園児たちが楽しそうに遊んでいた。その姿を見たときに「この公園の土地に新園舎を建てられないのか」と思い、そのことを園長先生に伝えると、保育園の建っている土地の一部とこの公園部分の土地の持ち主は、地元の神社だということがわかった。公園部分に新園舎を建て、旧園舎を解体したあと、そこを公園にできれば、仮園舎を建てる必要もなくなる。それによって、コストが大幅に減額できるし、なにより、園に通う子供たちや保護者にとってもありがたい話だ。

その場で、園長先生に新園舎の形と配置、出入り口の方位などの概略を伝えて、その後の交渉をお願いして東京に戻った。

その後、園長先生のお人柄と先代から長年にわたって地元に貢献してきた園の信用もあり、無事に神社からの許可をいただき、公園部分に新園舎を建てる計画に変更することができた。

基本計画が定まったので、次には、新園舎の設計打ち合わせに入った。詳細の設計については地元の設計事務所に任せることになるが、基本プランの作成に際して、次の点を考慮してもらうようにアドバイスをした。

新園舎は東西に長い吉相の長方形とし、玄関は吉相の東南方位に配置すること。

事務室と園長室を北から北西方位とし、園長室は必ず北西方位に配置すること。

トイレは窓の取れる位置とし、建物の中央部を避けること。

厨房室、特にガスレンジなどの火気は鬼門方位や北の子方位を避けること。

この点に注意して、基本プランを作成してもらうことになった。

最初のプランでは、玄関と階段が張りすぎていて、建物の構えが凶相になっていたし、玄関の上部は大きな吹き抜けになっていた。

保育室の配置についても、なかなか方針が決まらなかったが、緊急時の避難を優先して、乳児と1歳児、2歳児の保育室を1階に配置し、3歳児と4〜5歳児の保育室は2階にまとめた。

卒園式や入園式などへの対応のため、ステージをどこに置くのか、4〜5歳児が楽器を使って鼓笛隊の練習をする際の練習スペースと楽器の収納スペースをどこにとるのかなど難問はたくさんあった。

たとえば、玄関上部の吹き抜けは大きすぎると家相的にマイナスになるのでとりやめるなど、家相の知恵を活用することによって、何とか整理することができた。

これから、さらに詳細を検討しながら計画を進めていくが、新園舎の建築から旧園舎の解体工事が終了する最後まで、気を抜くことはできない。多くの子供たちを預かりながらの工事なので、細心の注意が必要だ。

私もこれから何度か岡山まで足を運ぶことになると思うが、子供たちの楽しい思い出となる、素敵な保育園にできればと願っている。

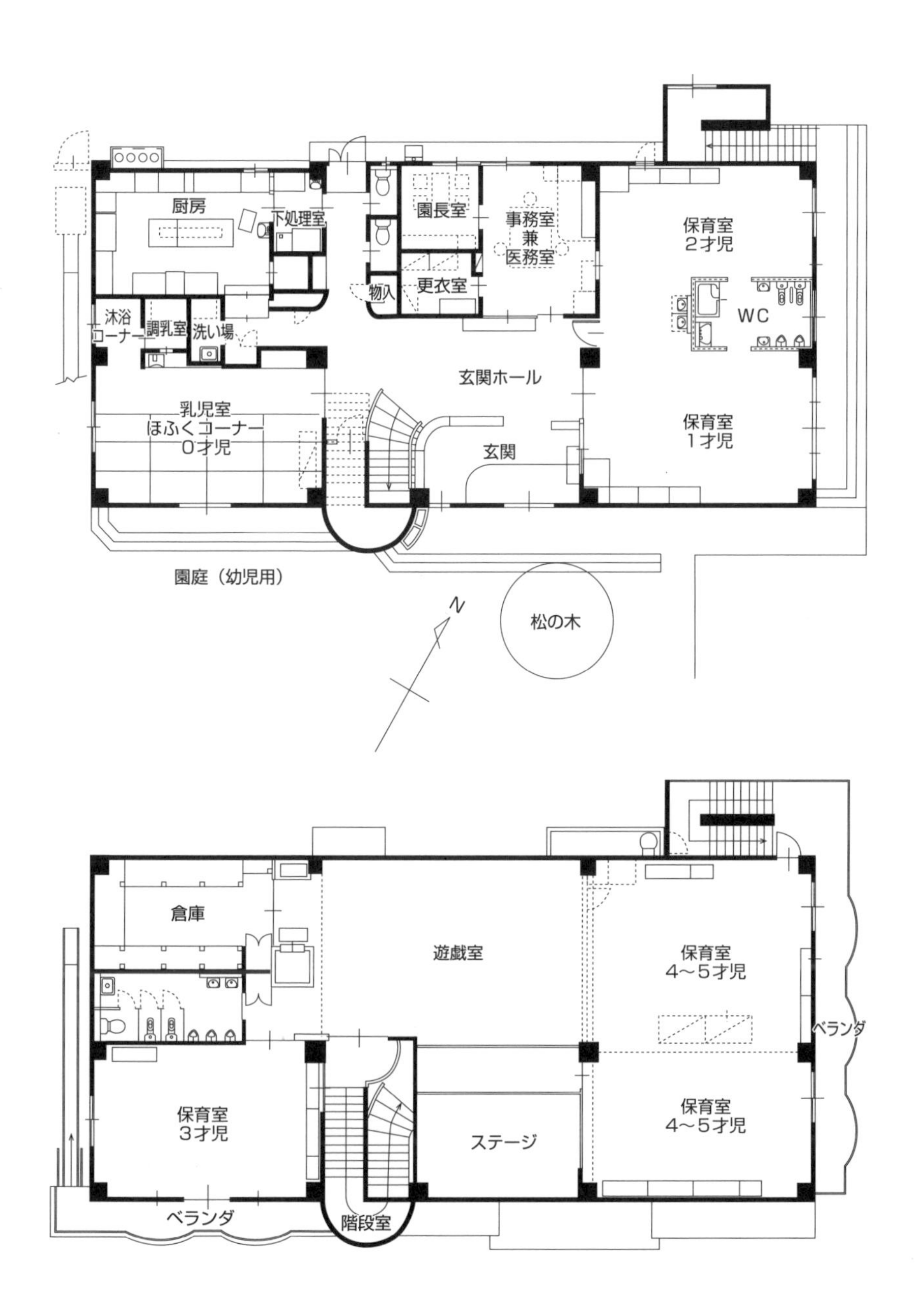
厨房
下処理室
園長室
事務室
兼
医務室
保育室
2才児
物入
更衣室
WC
沐浴
コーナー
調乳室
洗い場
玄関ホール
乳児室
ほふくコーナー
0才児
保育室
1才児
玄関
園庭（幼児用）
N
松の木
倉庫
遊戯室
保育室
4〜5才児
ベランダ
保育室
3才児
ステージ
保育室
4〜5才児
ベランダ
階段室

ヒント14

工場・本社棟

最後に紹介するのは、岩手県にある特殊車両の整備などを行っている会社の本社工場の移転計画についてだ。

この会社は、現在も岩手県内の工業団地の一角に本社工場があり、そのほか、県内には数箇所の支店もある。手狭になった本社工場の改善のため、私が現地調査をすることになった。

工業団地内の土地はとても良い土地だが、すでに許容量いっぱいの建物と設備がひしめき、とてもこれ以上の要望に応えられる土地ではない。すでにオーバーフローした状態なので、本社工場の移転を検討することになった。

それからしばらくして、最初の候補地が見つかった。私も現地に行き、敷地へのアプローチや工場と本社棟の配置などについて打ち合わせ、社長の許可も取って、その計画を進めることになった。

しかし、しばらくしてから突然、地主の会社から社内事情により売却を白紙にしたいとの連絡があった。私も、突然のことに驚いたが、いつまでも腹を立てていても仕方がないと気持ちを切り替え、新たな土地探しを再開することになった。そして、この土地（左図）と縁があったのだ。

この土地は北西方位の角地で、広さは８０００㎡を超えているので申し分ない。ただし、北側道路は西から東に向けて下がっているので、敷地の東側一部下がっている地形だった。

方位や家相を大切にしてきた社長の希望は、敷地へのアプローチを東南方位に取り、敷地の北西方位に工場を建て、東南方位に本社棟を建てるという、家相学上、最良のもの。このこだわりに応えるため

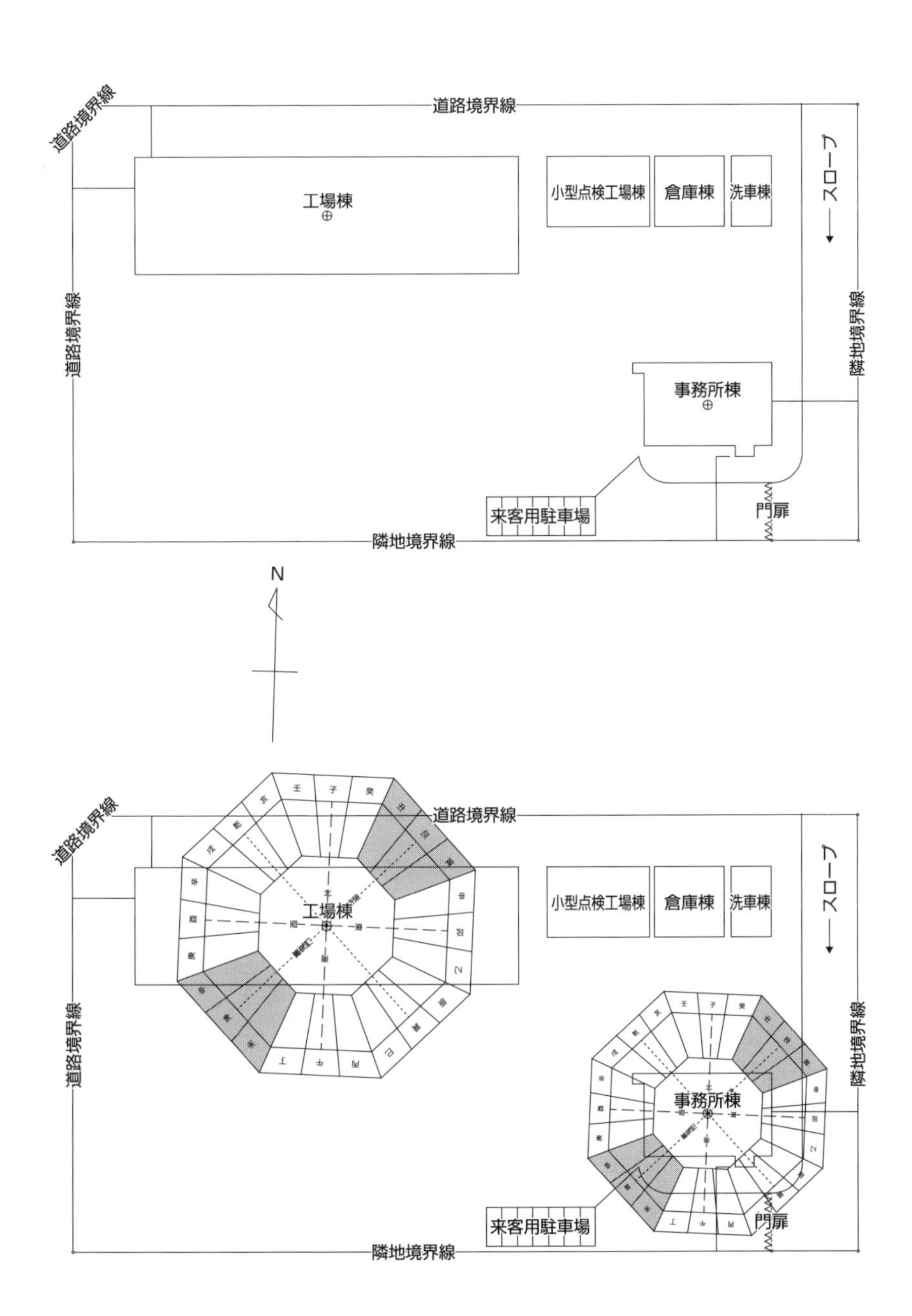
道路境界線
道路境界線
工場棟
小型点検工場棟
倉庫棟
洗車棟
スロープ
道路境界線
隣地境界線
事務所棟
来客用駐車場
門扉
隣地境界線
N
道路境界線
道路境界線
工場棟
小型点検工場棟
倉庫棟
洗車棟
スロープ
道路境界線
隣地境界線
事務所棟
来客用駐車場
門扉
隣地境界線

に、造成計画を進めることになった。

まず、敷地内の段差をなくすため、一段下がっている東側をかさ上げし、東側に導入路を設けることにした。これで、敷地内へのアプローチを吉相の東南方位にすることができる。さらに、これから建築する工場と本社棟の双方から観て、東南方位に門扉を設置する。この門扉を設置することで、吉方位からのアプローチに限定することができるのだ。

工場は、現在の工場よりも大きいものになるよう計画している。工場の北西部分に現場事務所と朝礼などにも使用する食堂スペースを設け、トイレも北西方位とした。工場内ではこの現場事務所が司令塔になるので、あえて北西方位にこだわっている。また、この上部には2階を設けて、社員のロッカールームや収納スペースも設けている。

その他、塗装場、車検場、工具室、加工室などの部分はこれから詳細を検討する予定だが、工場の大きさなど、構えは最初に確定するのが家相の基本。


これが決まらないと先には進めない。この工場を基準として、小型車検工場などの配置を決めることになる。

工場の大きさを現在と同じ程度に収めて、将来的に増築するという考え方もある。業績に合わせて建物のボリュームが変わるのは当たり前のことで、家相的にも方法はある。しかし、今回は、増築を考えずに計画することになった。

◆工場2階

倉庫
シャワー
ロッカー
階段室
収納スペース

◆工場1階

タイヤ置場
機械室
階段室
部品庫
現場事務所兼食堂
トイレ
工具室
加工室
塗装場
車検室
クレーン
工場
クレーン

工場への出入り口

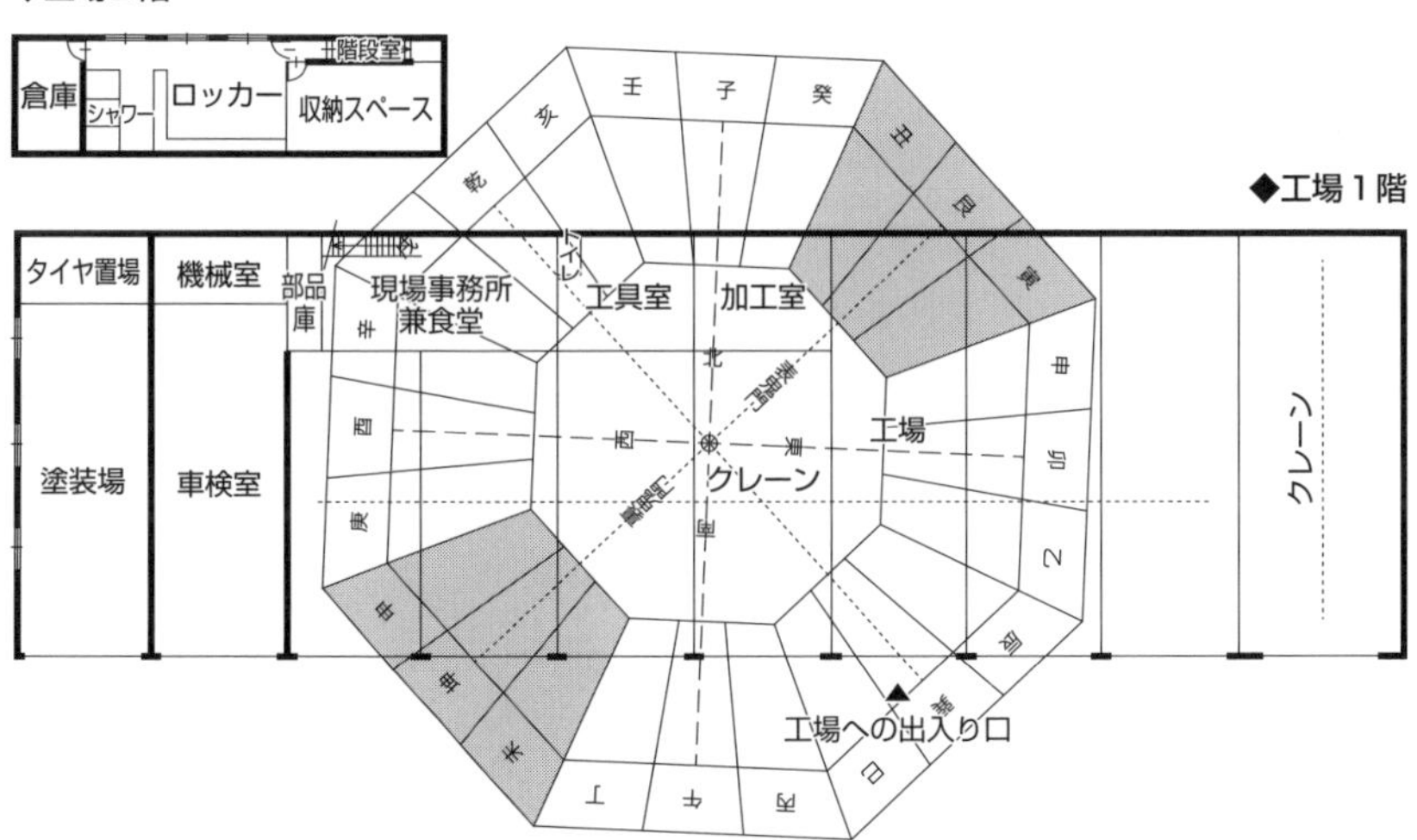

次に、本社棟について説明したい。

本社棟は、東南方位と北西方位に張りを設けた吉相の複合相とした。東南方位には、主に事務職や来客用の出入り口を設け、北西方位には2階への出入り口を設けてある。工場で働く社員は、西方位に設けた社員用玄関から入り、部品庫や階段を使って2階の研修室へ出入りをする動線になっている。

社長室は1階の北西方位に配置してある。経理と総務は北方位とし、社長室とは内部で行き来もできる。また、社長室からは、2階の別会社スペースに直接、行けるようにもなっている。

主なトイレは、東から東南の無難な方位に配置した。2階トイレも1階トイレの上部に配置し、汚水管の配管経路にも考慮している。トイレの汚水管は、最短距離で建物の外に出し、玄関前を横切らせないことが大切なポイントだ。

工場の2階に、別会社を配置する計画もあったが、現在は、本社棟の2階に配置する案で進めている。別会社の扱いについては、まだまだ決まっていないことも多く、これから詳細をつめることになる。

現在は造成が終わった段階だが、着工までもうしばらく時間がある。社長の運気と移転方位を考慮した計画なので、その期間を有効活用する予定だ。これから、いくつかの工場を視察する予定なので、さらに、より良い計画に練り上げたいと思っている。

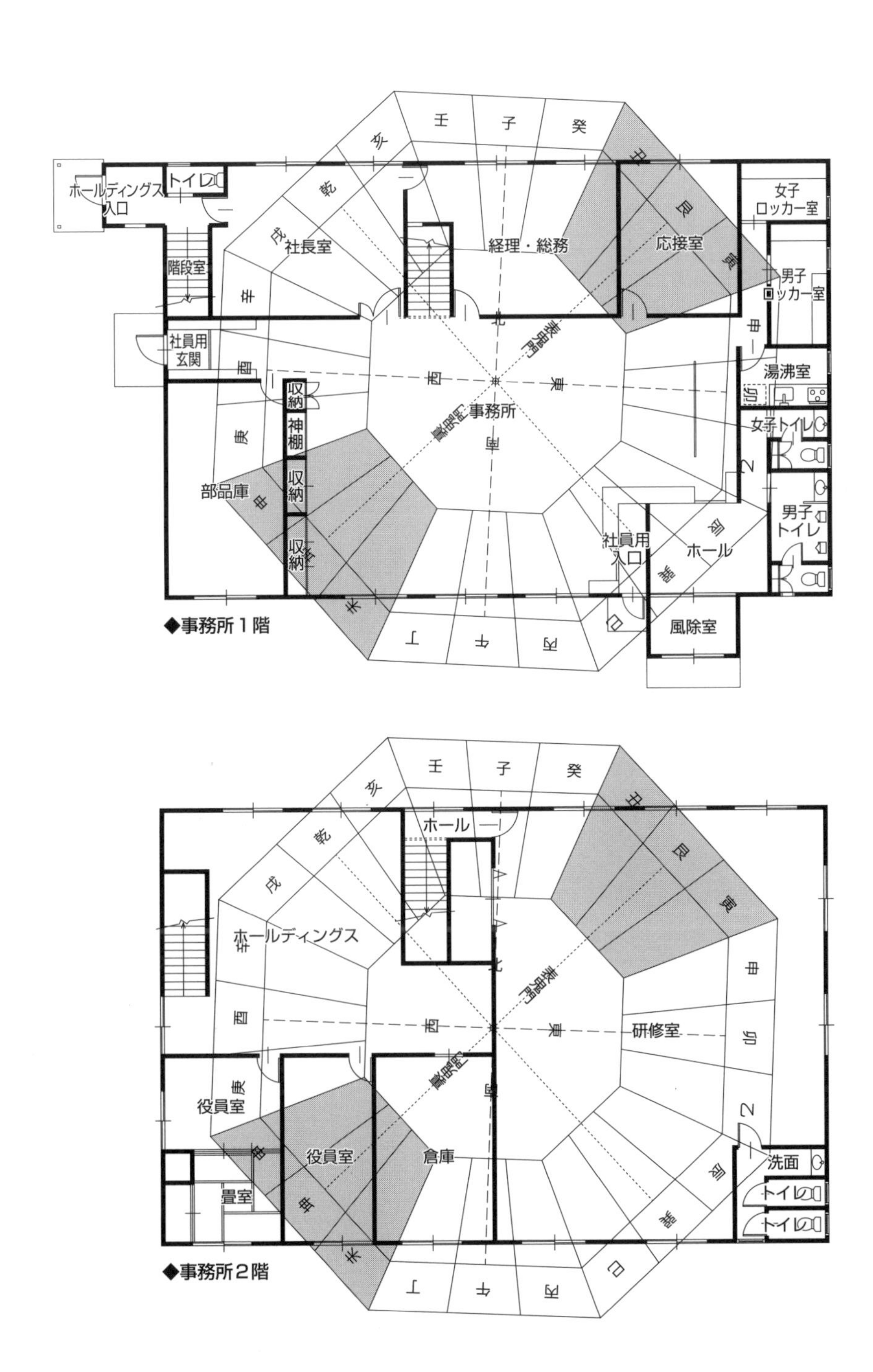
ホールディングス入口
トイレ
階段室
社長室
経理・総務
応接室
女子ロッカー室
男子ロッカー室
社員用玄関
湯沸室
収納
神棚
事務所
部品庫
女子トイレ
男子トイレ
社員用入口
ホール
風除室
北
東
西
南
表鬼門
裏鬼門
壬
子
癸
丑
艮
寅
甲
卯
乙
辰
巽
巳
丙
午
丁
未
坤
申
庚
酉
辛
戌
乾
亥
ホール
ホールディングス
研修室
役員室
倉庫
畳室
洗面
トイレ
◆事務所1階

◆事務所2階

巻末資料

● 二十四山方位盤
● 十二支方位盤
● 九星方位盤
● 十干・十二支・九星方位早見表
● 移動方位の吉凶表
● 自宅の間取り集

二十四山方位盤

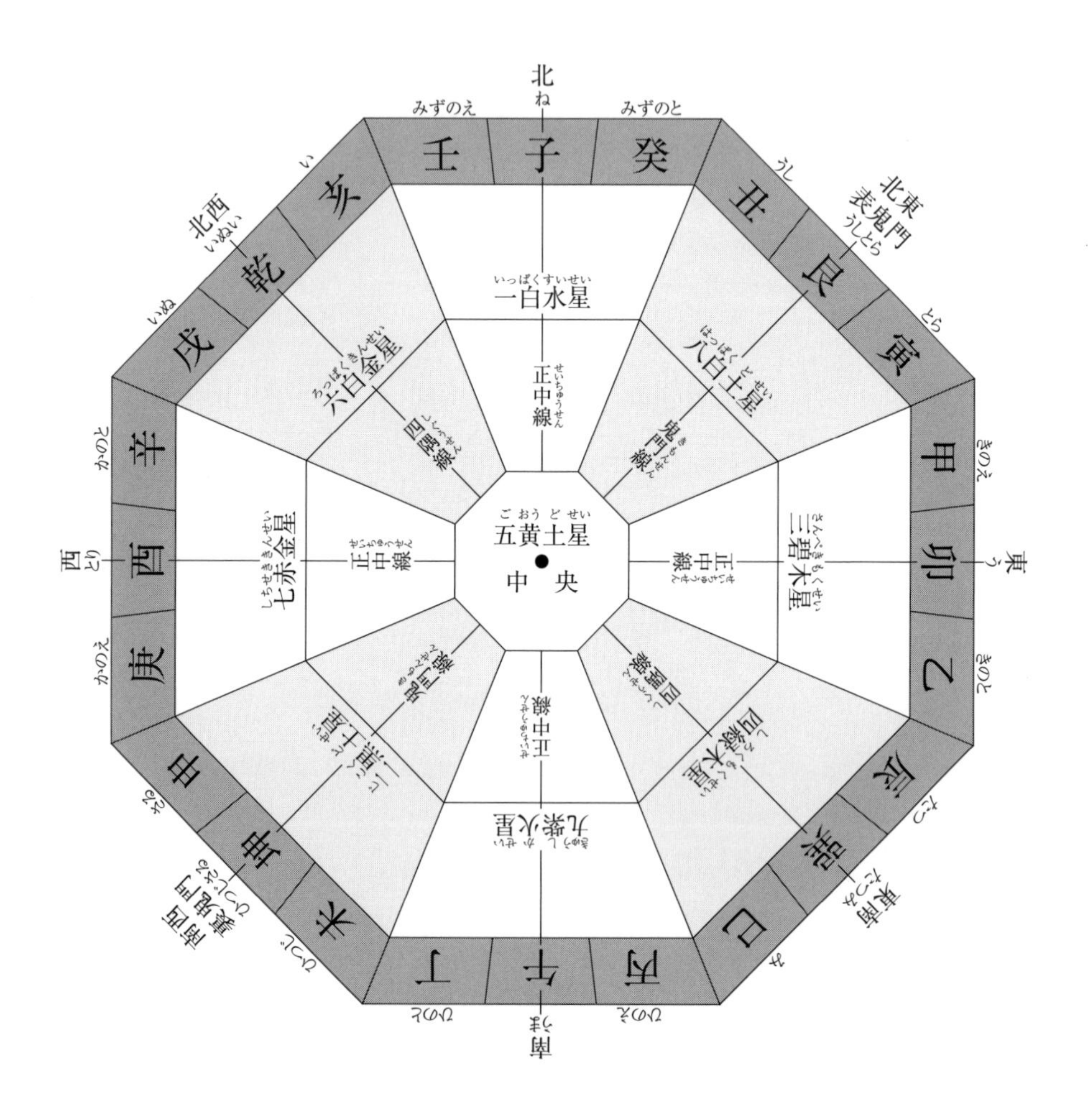

北
ね
子
壬
みずのえ
癸
みずのと
丑
うし
北東
表鬼門
うしとら
艮
寅
とら
甲
きのえ
東
う
卯
乙
きのと
辰
たつ
東南
たつみ
巽
巳
み
丙
ひのえ
南
うま
午
丁
ひのと
未
ひつじ
南西
裏鬼門
ひつじさる
坤
申
さる
庚
かのえ
西
とり
酉
辛
かのと
戌
いぬ
北西
いぬい
乾
亥
い
一白水星
正中線
八白土星
鬼門線
三碧木星
正中線
四緑木星
四隅線
九紫火星
正中線
二黒土星
裏鬼門線
七赤金星
正中線
六白金星
四隅線
五黄土星
中央

十二支方位盤

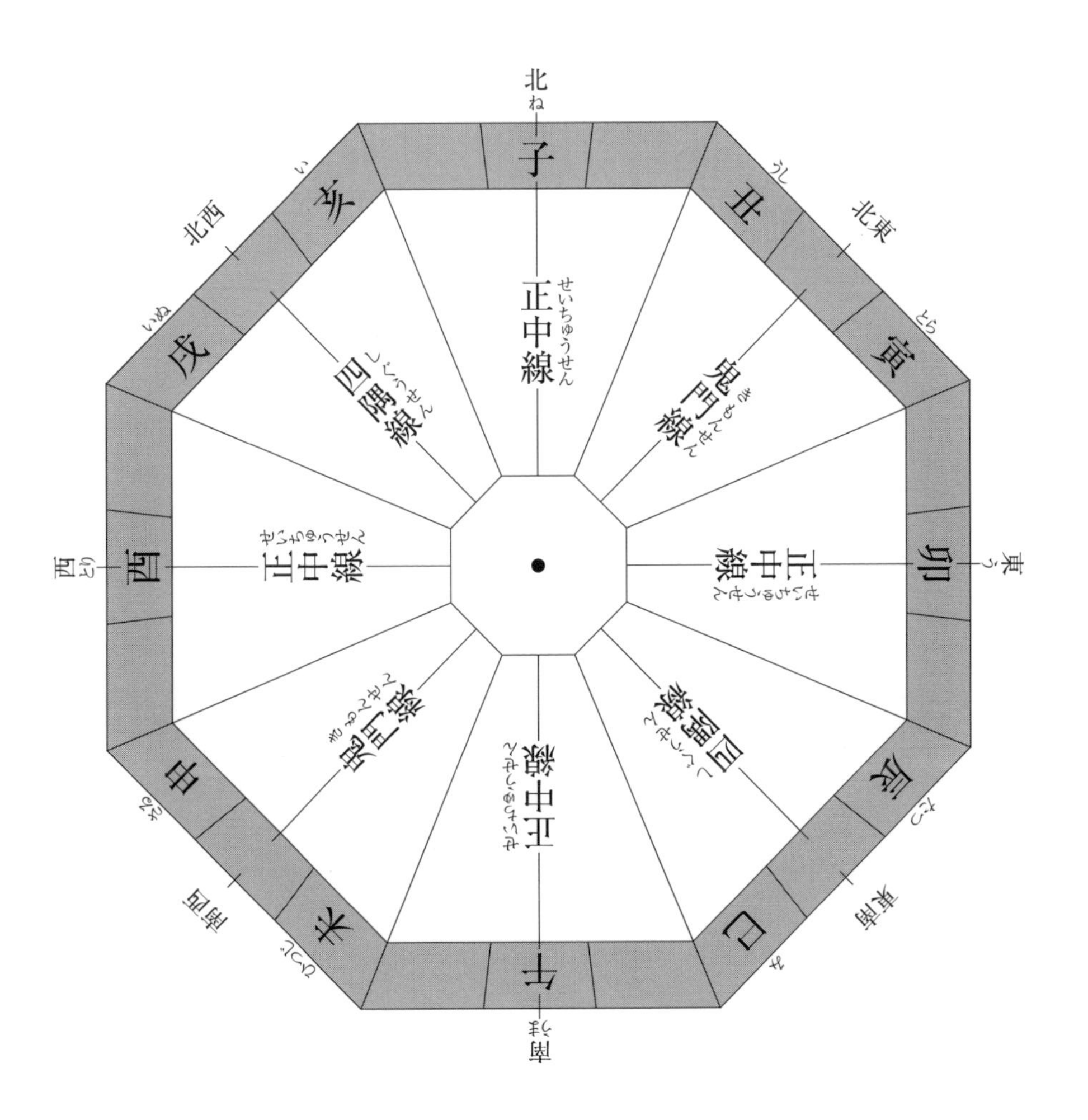

北
子
ね
丑
うし
北東
寅
とら
卯
う
東
辰
たつ
東南
巳
み
午
うま
南
未
ひつじ
南西
申
さる
酉
とり
西
戌
いぬ
北西
亥
い
正中線
せいちゅうせん
鬼門線
きもんせん
四隅線
しぐうせん

九星方位盤

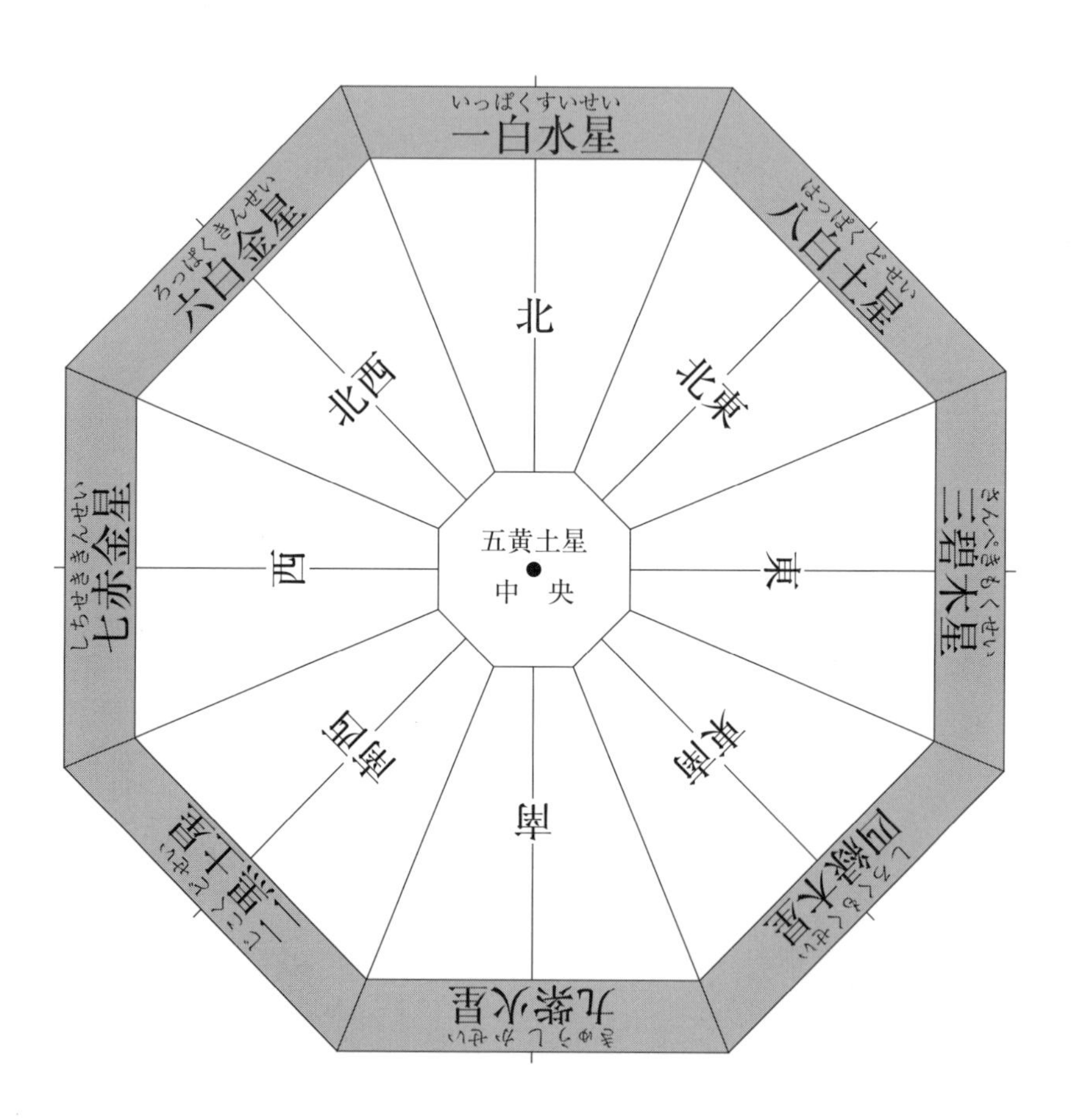

いっぱくすいせい
一白水星
はっぱくどせい
八白土星
さんぺきもくせい
三碧木星
しろくもくせい
四緑木星
きゅうしかせい
九紫火星
じこくどせい
二黒土星
しちせききんせい
七赤金星
ろっぱくきんせい
六白金星
北
北東
東
東南
南
南西
西
北西
五黄土星
中央

十干・十二支・九星方位早見表

一白 水星	二黒 土星	三碧 木星	四緑 木星	五黄 土星	六白 金星	七赤 金星	八白 土星	九紫 火星
大正7年生 戊午	大正6年生 丁巳	大正5年生 丙辰	大正4年生 乙卯	大正3年生 甲寅	大正2年生 癸丑	大正元年生 壬子	明治44年生 辛亥	明治43年生 庚戌
昭和2年生 丁卯	昭和元年生 丙寅	大正14年生 乙丑	大正13年生 甲子	大正12年生 癸亥	大正11年生 壬戌	大正10年生 辛酉	大正9年生 庚申	大正8年生 己未
昭和11年生 丙子	昭和10年生 乙亥	昭和9年生 甲戌	昭和8年生 癸酉	昭和7年生 壬申	昭和6年生 辛未	昭和5年生 庚午	昭和4年生 己巳	昭和3年生 戊辰
昭和20年生 乙酉	昭和19年生 甲申	昭和18年生 癸未	昭和17年生 壬午	昭和16年生 辛巳	昭和15年生 庚辰	昭和14年生 己卯	昭和13年生 戊寅	昭和12年生 丁丑
昭和29年生 甲午	昭和28年生 癸巳	昭和27年生 壬辰	昭和26年生 辛卯	昭和25年生 庚寅	昭和24年生 己丑	昭和23年生 戊子	昭和22年生 丁亥	昭和21年生 丙戌
昭和38年生 癸卯	昭和37年生 壬寅	昭和36年生 辛丑	昭和35年生 庚子	昭和34年生 己亥	昭和33年生 戊戌	昭和32年生 丁酉	昭和31年生 丙申	昭和30年生 乙未
昭和47年生 壬子	昭和46年生 辛亥	昭和45年生 庚戌	昭和44年生 己酉	昭和43年生 戊申	昭和42年生 丁未	昭和41年生 丙午	昭和40年生 乙巳	昭和39年生 甲辰
昭和56年生 辛酉	昭和55年生 庚申	昭和54年生 己未	昭和53年生 戊午	昭和52年生 丁巳	昭和51年生 丙辰	昭和50年生 乙卯	昭和49年生 甲寅	昭和48年生 癸丑
平成2年生 庚午	平成元年生 己巳	昭和63年生 戊辰	昭和62年生 丁卯	昭和61年生 丙寅	昭和60年生 乙丑	昭和59年生 甲子	昭和58年生 癸亥	昭和57年生 壬戌
平成11年生 己卯	平成10年生 戊寅	平成9年生 丁丑	平成8年生 丙子	平成7年生 乙亥	平成6年生 甲戌	平成5年生 癸酉	平成4年生 壬申	平成3年生 辛未
平成20年生 戊子	平成19年生 丁亥	平成18年生 丙戌	平成17年生 乙酉	平成16年生 甲申	平成15年生 癸未	平成14年生 壬午	平成13年生 辛巳	平成12年生 庚辰
平成29年生 丁酉	平成28年生 丙申	平成27年生 乙未	平成26年生 甲午	平成25年生 癸巳	平成24年生 壬辰	平成23年生 辛卯	平成22年生 庚寅	平成21年生 己丑
平成38年生 丙午	平成37年生 乙巳	平成36年生 甲辰	平成35年生 癸卯	平成34年生 壬寅	平成33年生 辛丑	平成32年生 庚子	平成31年生 己亥	平成30年生 戊戌

※生年月日は立春（2月4日ごろ）を基準にする。

平成28年（2016）丙申

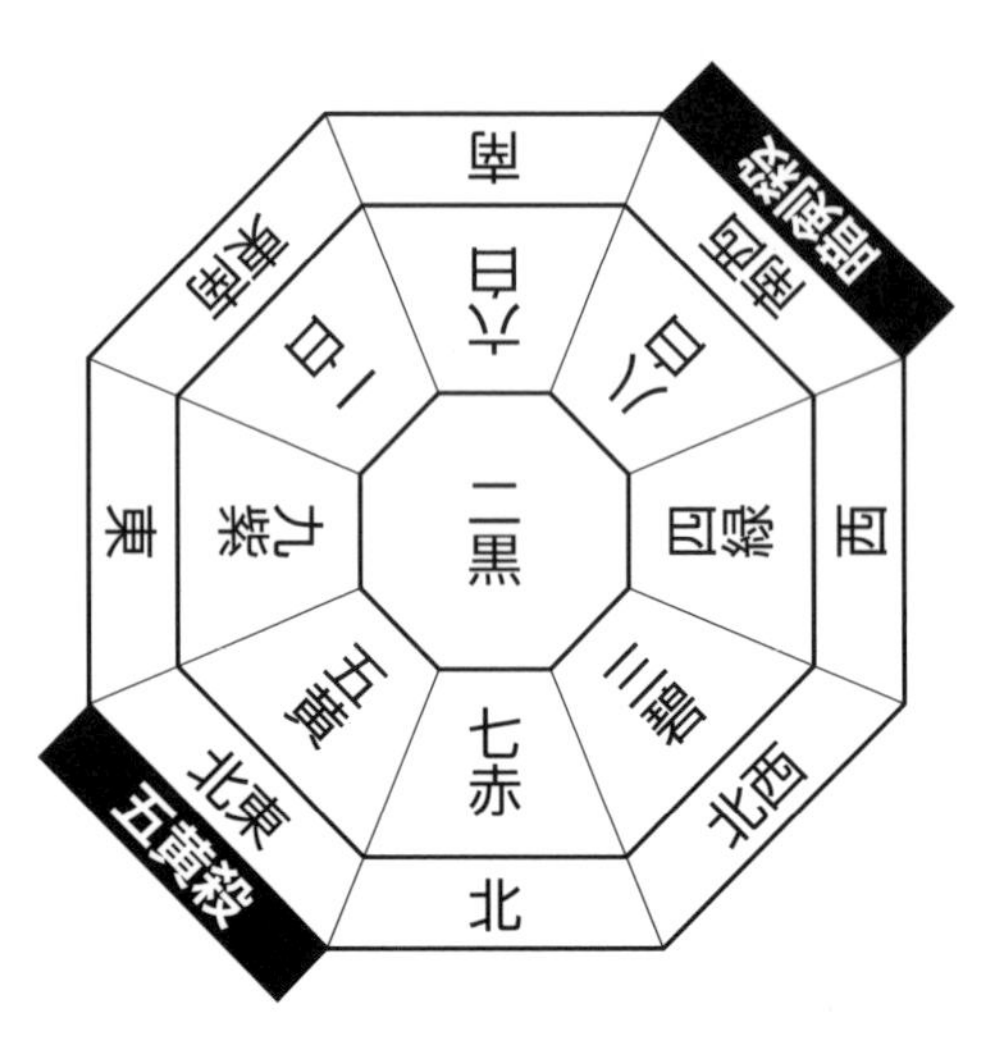

	五黄殺	暗剣殺		五黄殺	暗剣殺
2月6日～3月6日	北東	南西	8月6日～9月5日		
3月7日～4月6日	南	北	9月6日～10月5日	北西	東南
4月7日～5月6日	北	南	10月6日～11月5日	西	東
5月7日～6月5日	南西	北東	11月6日～12月5日	北東	南西
6月6日～7月6日	東	西	12月6日～2017年1月5日	南	北
7月7日～8月5日	東南	北西	1月6日～2月4日	北	南

注１　上の表は、年度の凶方位（五黄殺・暗剣殺）を示し、下の表は、月度の凶方位（五黄殺・暗剣殺）を示している。移動（引っ越し）する場合は、年度の五黄殺・暗剣殺方位を避け、さらに、月度の五黄殺・暗剣殺方位も避ける。
注２　1年の始まりは立春（2月4日ごろ）になる。

＊　下の表で、斜線の期間は、月度の五黄殺・暗剣殺方位は存在しないことを示す。

平成29年(2017)丁酉

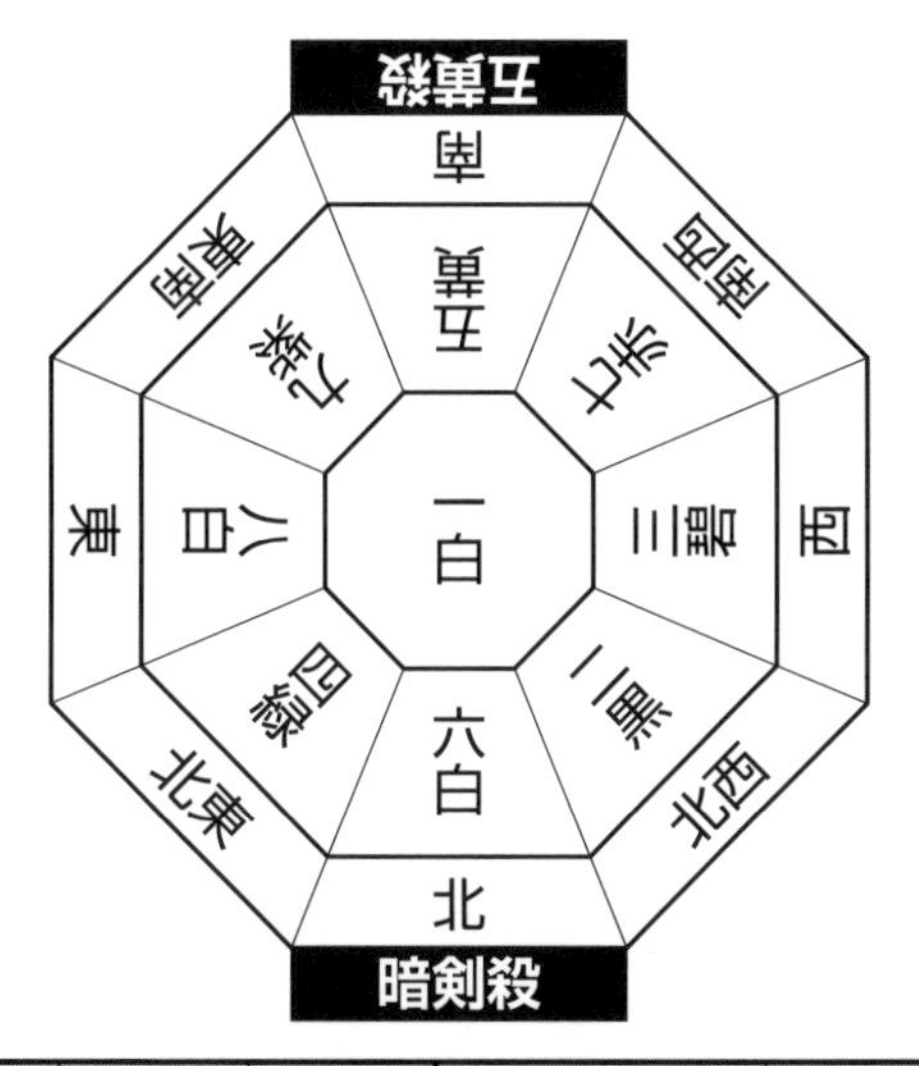

	五黄殺	暗剣殺		五黄殺	暗剣殺
2月5日～3月6日	南西	北東	8月7日～9月5日	北東	南西
3月7日～4月6日	東	西	9月6日～10月5日	南	北
4月7日～5月6日	東南	北西	10月6日～11月5日	北	南
5月7日～6月7日			11月6日～12月5日	南西	北東
6月8日～7月6日	北西	東南	12月6日～2018年1月5日	東	西
7月7日～8月6日	西	東	1月6日～2月4日	東南	北西

注１　上の表は、年度の凶方位（五黄殺・暗剣殺）を示し、下の表は、月度の凶方位（五黄殺・暗剣殺）を示している。移動（引っ越し）する場合は、年度の五黄殺・暗剣殺方位を避け、さらに、月度の五黄殺・暗剣殺方位も避ける。

注２　1年の始まりは立春（2月4日ごろ）になる。

＊　下の表で､斜線の期間は､月度の五黄殺･暗剣殺方位は存在しないことを示す。

平成30年（2018）戊戌

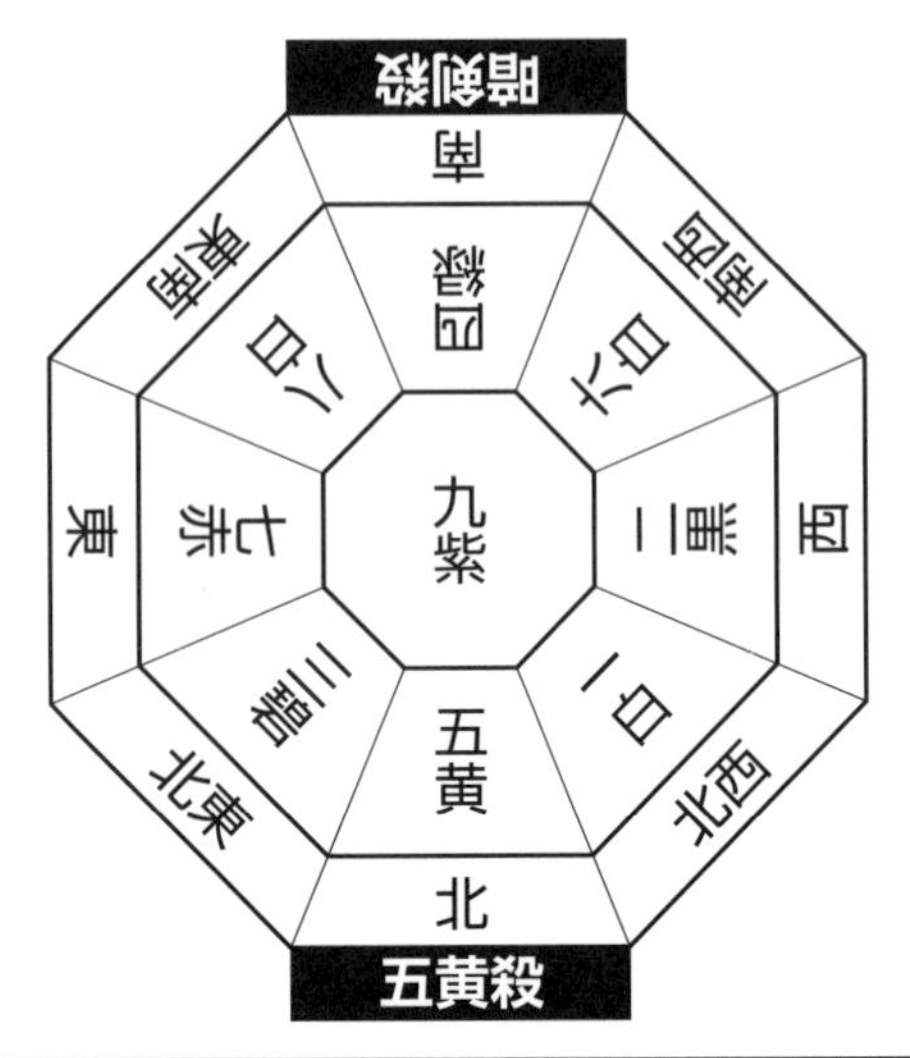

	五黄殺	暗剣殺		五黄殺	暗剣殺
2月5日～3月7日			8月7日～9月5日	南西	北東
3月8日～4月6日	北西	東南	9月6日～10月6日	東	西
4月7日～5月7日	西	東	10月7日～11月5日	東南	北西
5月8日～6月6日	北東	南西	11月6日～12月6日		
6月7日～7月6日	南	北	12月7日～2019年1月6日	北西	東南
7月7日～8月6日	北	南	1月7日～2月3日	西	東

注１　上の表は、年度の凶方位（五黄殺・暗剣殺）を示し、下の表は、月度の凶方位（五黄殺・暗剣殺）を示している。移動（引っ越し）する場合は、年度の五黄殺・暗剣殺方位を避け、さらに、月度の五黄殺・暗剣殺方位も避ける。

注２　1年の始まりは立春（2月4日ごろ）になる。

＊　下の表で、斜線の期間は、月度の五黄殺・暗剣殺方位は存在しないことを示す。

平成31年(2019)丁酉

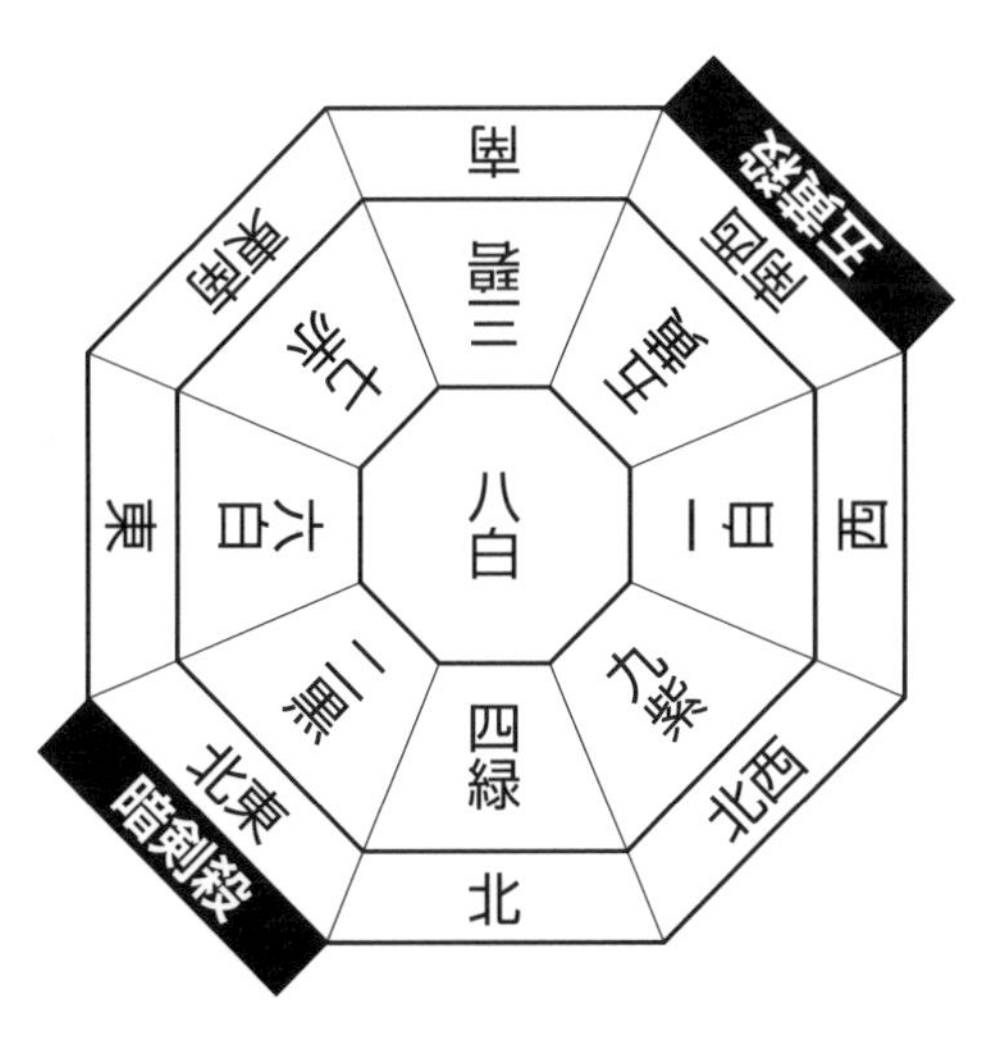

	五黄殺	暗剣殺		五黄殺	暗剣殺
2月4日～3月5日	北東	南西	8月8日～9月7日		
3月6日～4月4日	南	北	9月8日～10月8日	北西	東南
4月5日～5月5日	北	南	10月9日～11月7日	西	東
5月6日～6月5日	南西	北東	11月8日～12月6日	北東	南西
6月6日～7月6日	東	西	12月7日～2020年1月5日	南	北
7月7日～8月7日	東南	北西	1月6日～2月3日	北	南

注１　上の表は、年度の凶方位（五黄殺・暗剣殺）を示し、下の表は、月度の凶方位（五黄殺・暗剣殺）を示している。移動（引っ越し）する場合は、年度の五黄殺・暗剣殺方位を避け、さらに、月度の五黄殺・暗剣殺方位も避ける。

注２　1年の始まりは立春（2月4日ごろ）になる。

＊　下の表で、斜線の期間は、月度の五黄殺・暗剣殺方位は存在しないことを示す。

平成32年（2020）辛卯

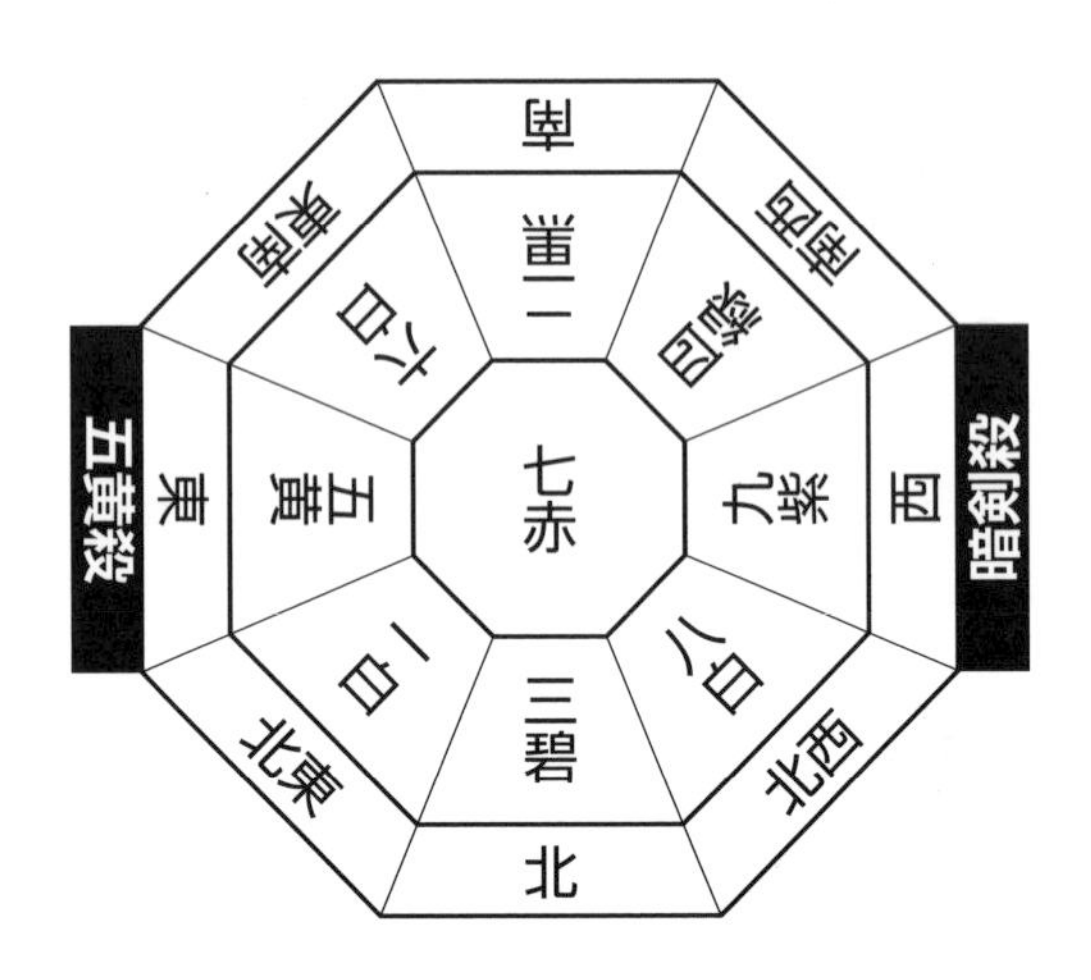

	五黄殺	暗剣殺		五黄殺	暗剣殺
2月4日～ 3月4日	南西	北東	8月7日～ 9月6日	北東	南西
3月5日～ 4月3日	東	西	9月7日～ 10月7日	南	北
4月4日～ 5月4日	東南	北西	10月8日～ 11月6日	北	南
5月5日～ 6月4日			11月7日～ 12月6日	南西	北東
6月5日～ 7月6日	北西	東南	12月7日～ 2021年1月4日	東	西
7月7日～ 8月6日	西	東	1月5日～ 2月3日	東南	北西

注１　上の表は、年度の凶方位（五黄殺・暗剣殺）を示し、下の表は、月度の凶方位（五黄殺・暗剣殺）を示している。移動（引っ越し）する場合は、年度の五黄殺・暗剣殺方位を避け、さらに、月度の五黄殺・暗剣殺方位も避ける。

注２　1年の始まりは立春（2月4日ごろ）になる。

＊　下の表で、斜線の期間は、月度の五黄殺・暗剣殺方位は存在しないことを示す。

平成33年(2021)壬辰

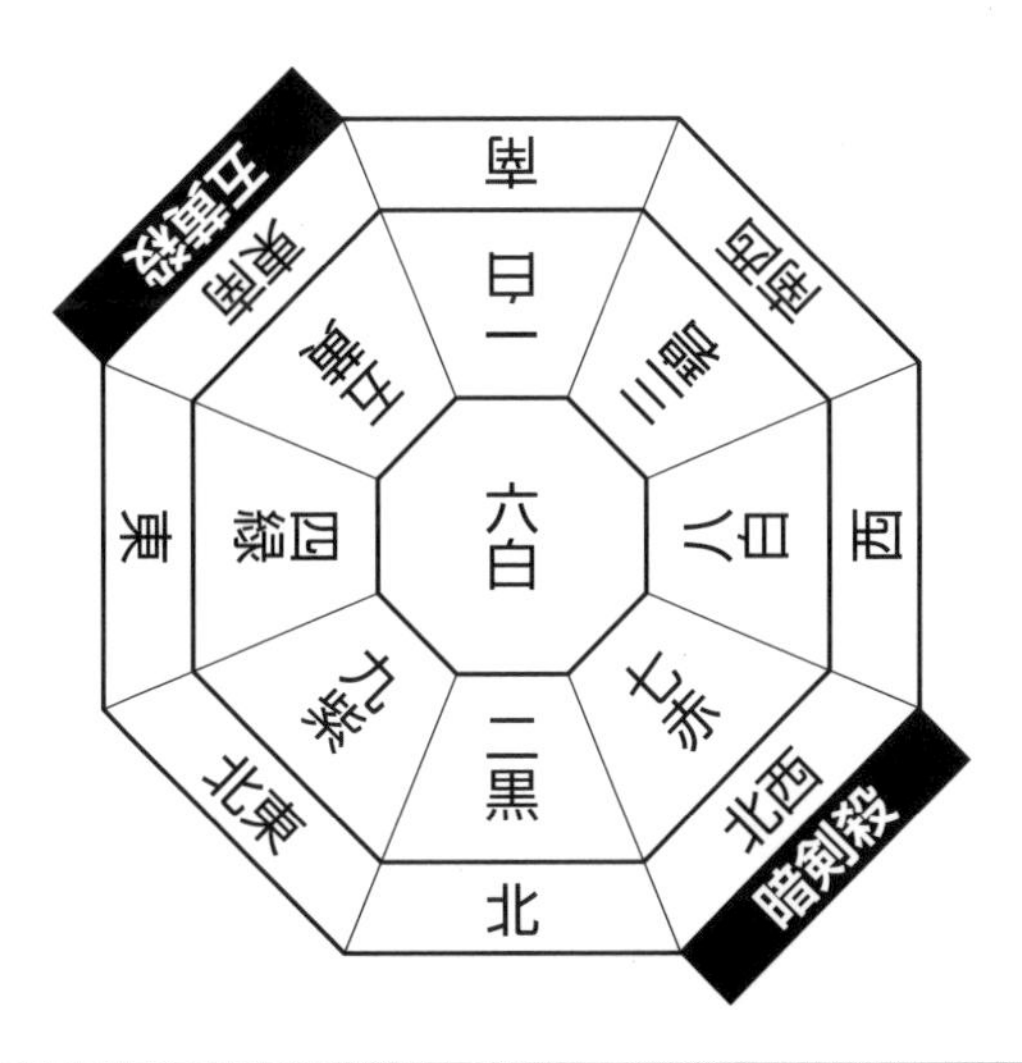

	五黄殺	暗剣殺		五黄殺	暗剣殺
2月4日～3月4日			8月7日～9月6日	南西	北東
3月5日～4月3日	北西	東南	9月7日～10月7日	東	西
4月4日～5月4日	西	東	10月8日～11月6日	東南	北西
5月5日～6月4日	北東	南西	11月7日～12月6日		
6月5日～7月6日	南	北	12月7日～2022年1月4日	北西	東南
7月7日～8月6日	北	南	1月5日～2月3日	西	東

注１　上の表は、年度の凶方位（五黄殺・暗剣殺）を示し、下の表は、月度の凶方位（五黄殺・暗剣殺）を示している。移動（引っ越し）する場合は、年度の五黄殺・暗剣殺方位を避け、さらに、月度の五黄殺・暗剣殺方位も避ける。

注２　1年の始まりは立春（2月4日ごろ）になる。

＊　下の表で､斜線の期間は､月度の五黄殺･暗剣殺方位は存在しないことを示す｡

平成34年(2022)癸巳

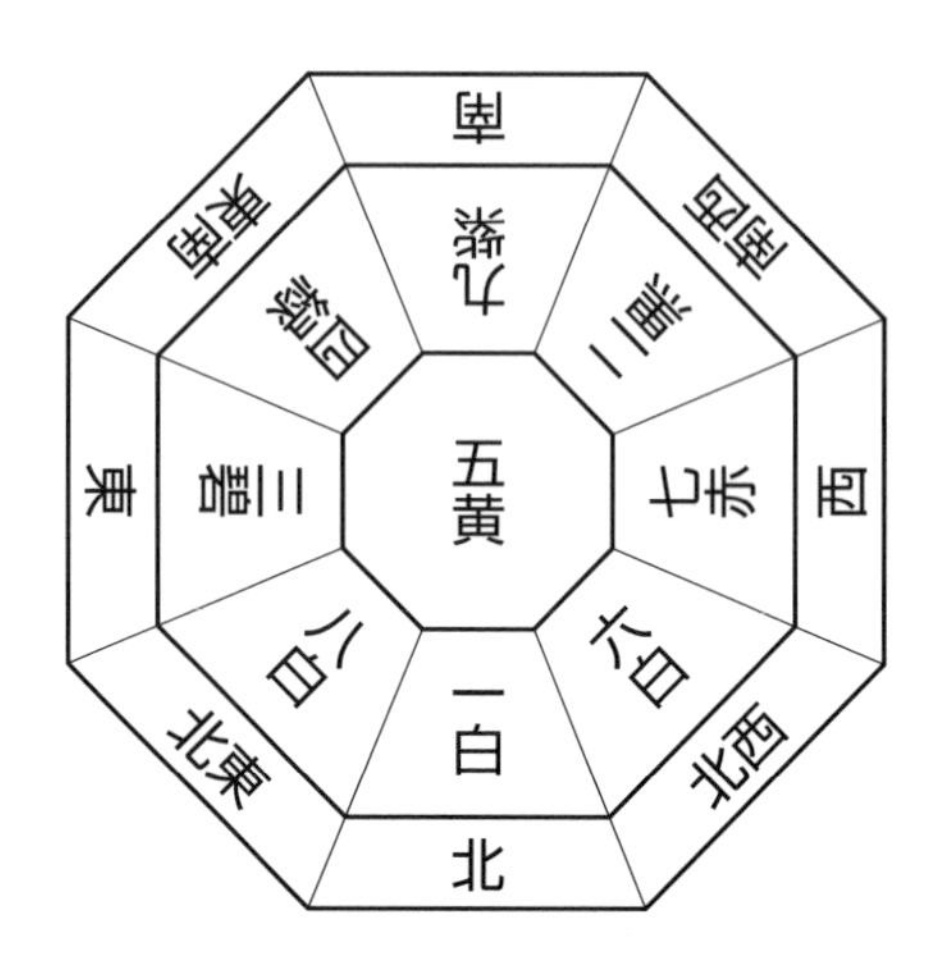

	五黄殺	暗剣殺		五黄殺	暗剣殺
2月4日～3月5日	北東	南西	8月7日～9月7日		
3月6日～4月4日	南	北	9月8日～10月7日	北西	東南
4月5日～5月4日	北	南	10月8日～11月6日	西	東
5月5日～6月5日	南西	北東	11月7日～12月6日	北東	南西
6月6日～7月6日	東	西	12月7日～2023年1月5日	南	北
7月7日～8月5日	東南	北西	1月6日～2月3日	北	南

注１　上の表は、年度の凶方位（五黄殺・暗剣殺）を示し、下の表は、月度の凶方位（五黄殺・暗剣殺）を示している。移動（引っ越し）する場合は、年度の五黄殺・暗剣殺方位を避け、さらに、月度の五黄殺・暗剣殺方位も避ける。

注２　1年の始まりは立春（2月4日ごろ）になる。

＊１　下の表で､斜線の期間は､月度の五黄殺･暗剣殺方位は存在しないことを示す。

＊２　この年は年度の五黄殺・暗剣殺は存在しない。

◎開運事務所を実現するためには、経営者の自宅の家相も大切なポイント。これらの間取りを参考にして、自宅の家相も整え、幸運を手に入れてほしい。

東玄関のプラン①

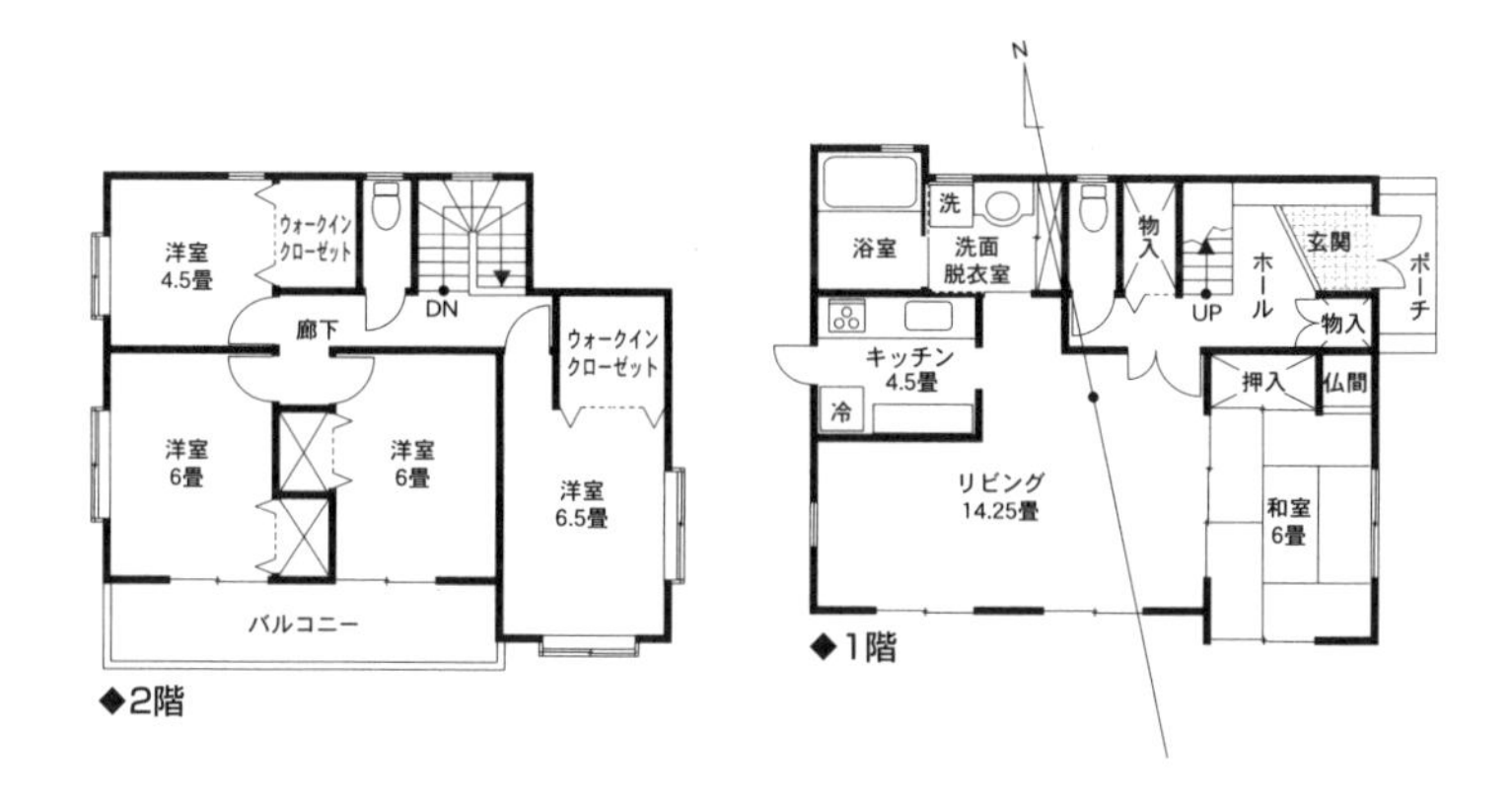

●北西の浴室を張りにして金運をあげる。経営者の自宅には小さくても張りがほしい。

東玄関のプラン②

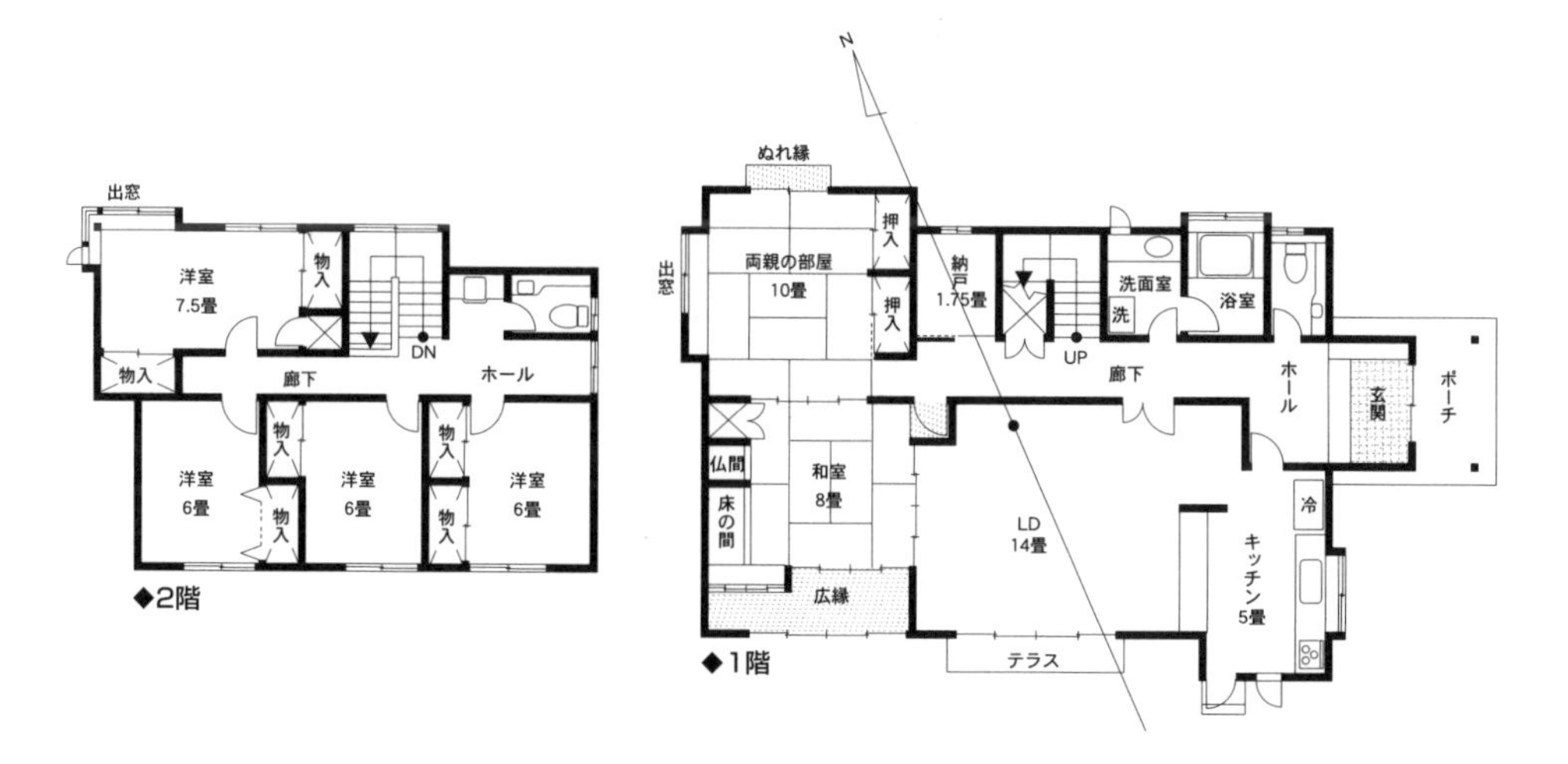

●玄関を張り出すことで家運を上げ、和室とキッチンに張りを設けた経営者の自宅にふさわしいプラン。人材と金運に恵まれる家相だ。

東玄関のプラン③

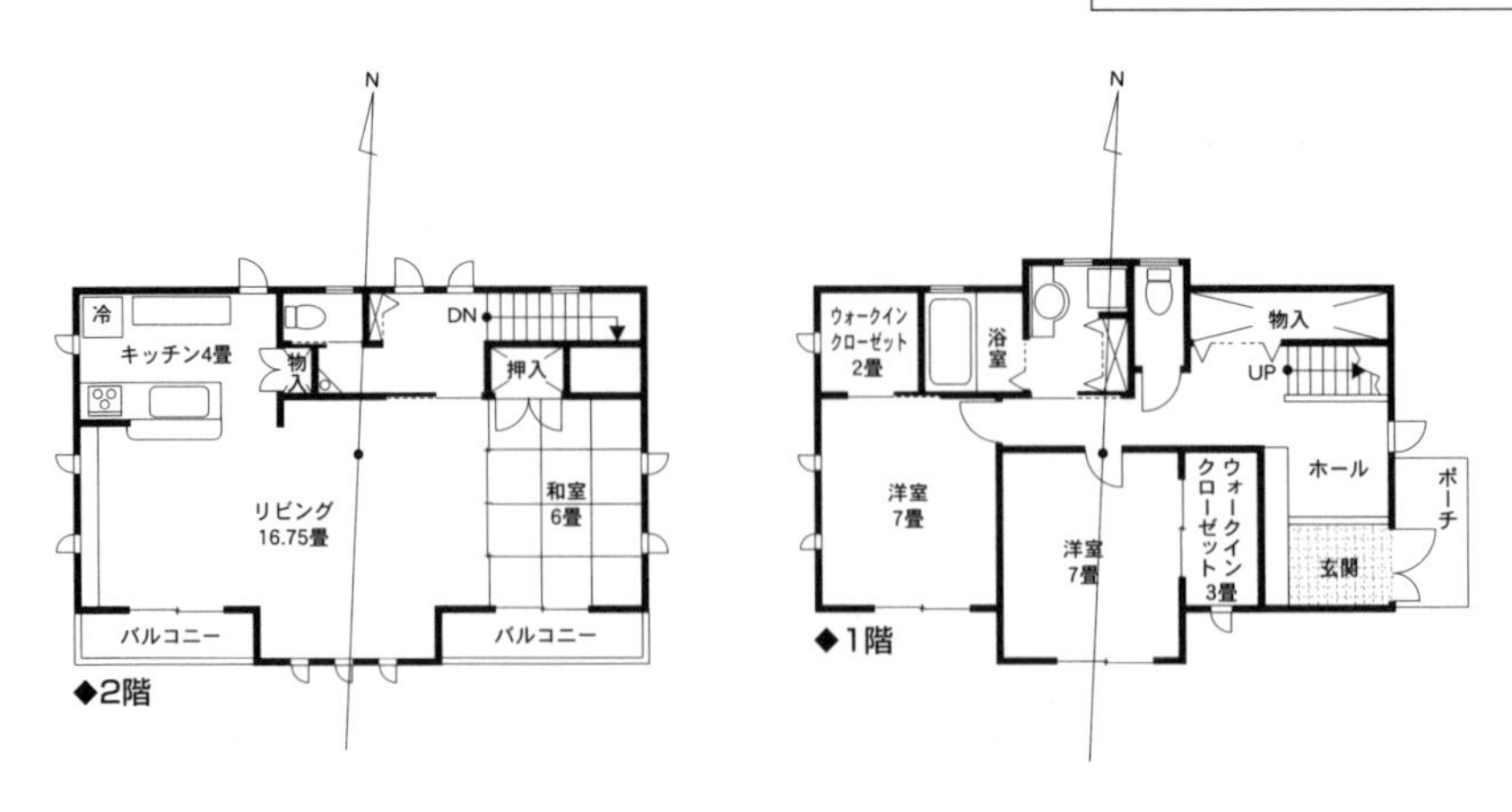

●採光に恵まれた２階をリビングに。採光と通風の良い家は家運を上げる。

東玄関のプラン④

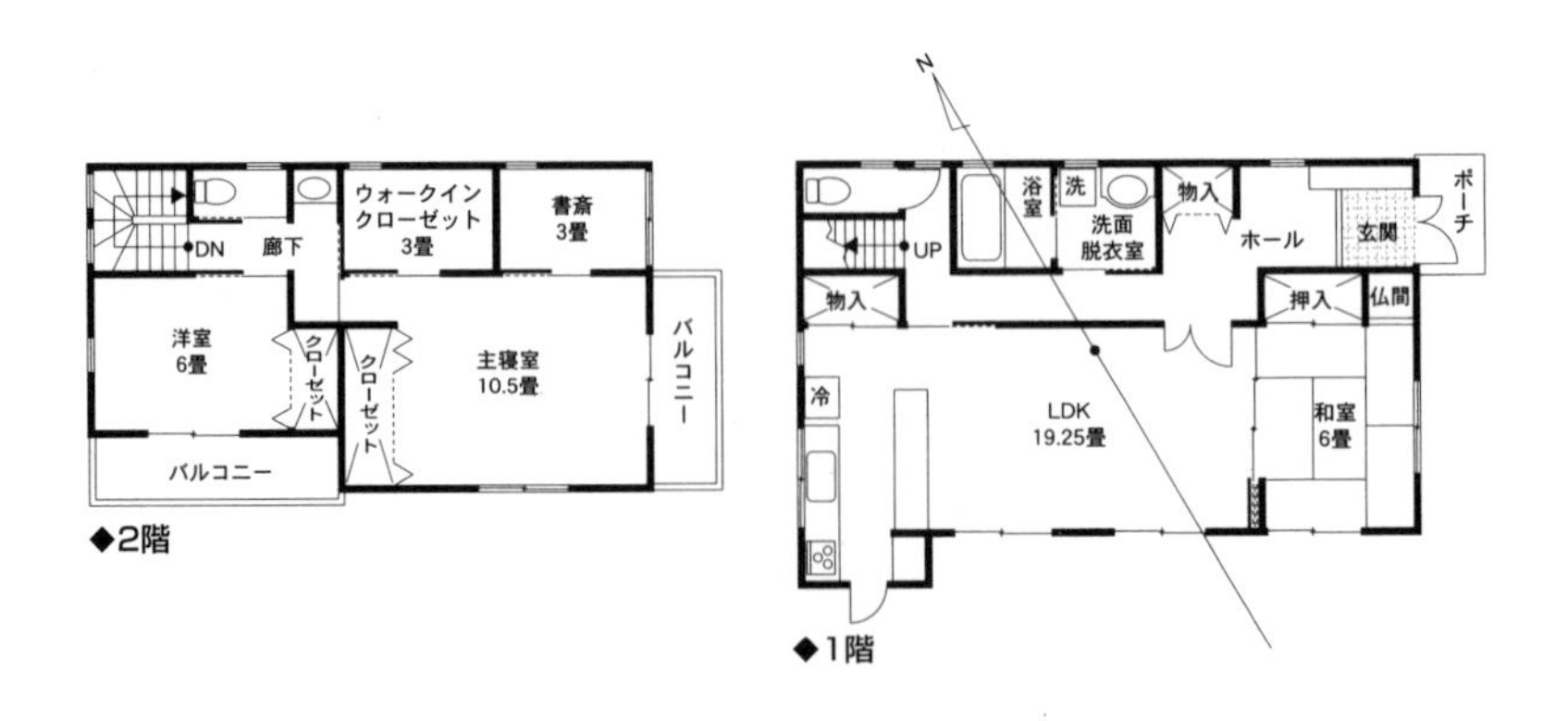

●２階に設けた書斎は、経営者の趣味のスペース。適度な息抜きスペースを設けることも大切なポイントだ。

西玄関のプラン①

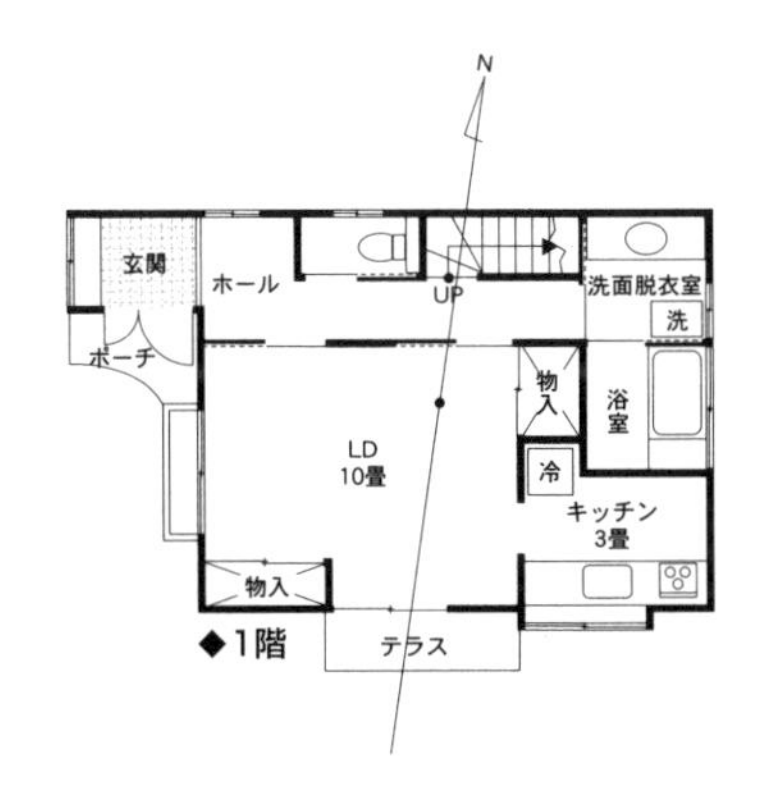

●西玄関を張り出すことは吉相のポイント。事業運が向上する。

西玄関のプラン②

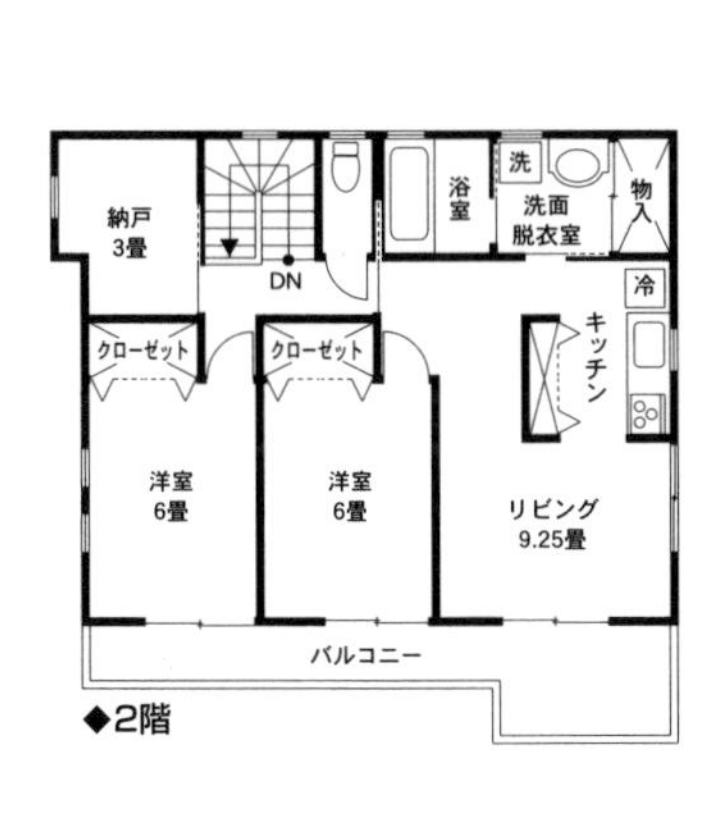

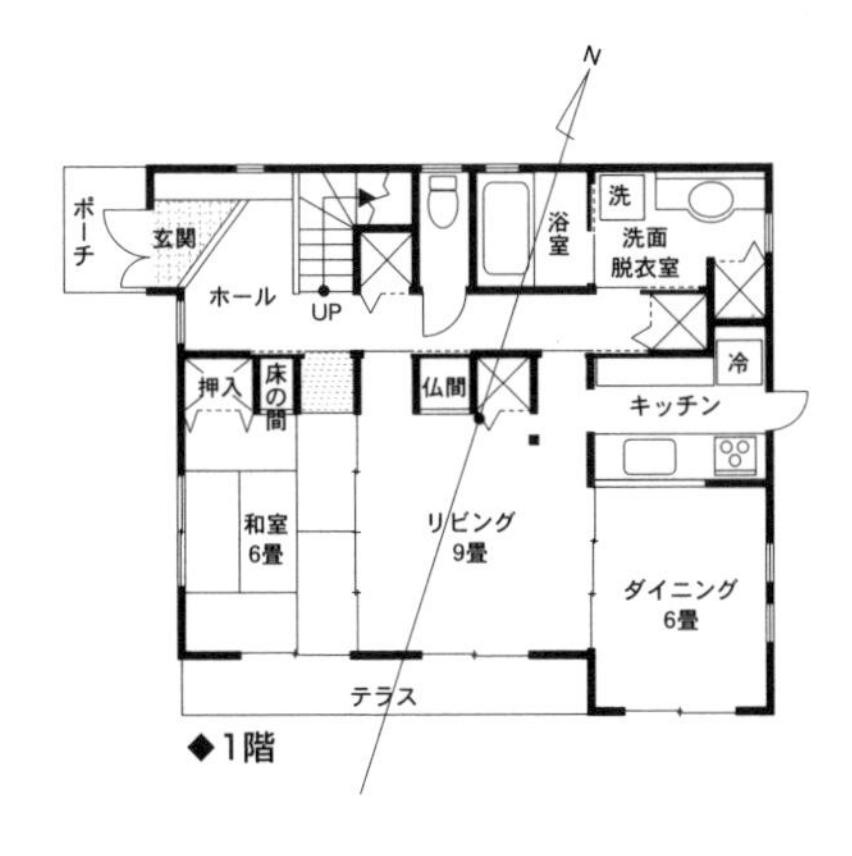

●玄関を共有した二世帯プラン。水まわりなど、上下階で位置をそろえてあるのも大切。

西玄関のプラン③

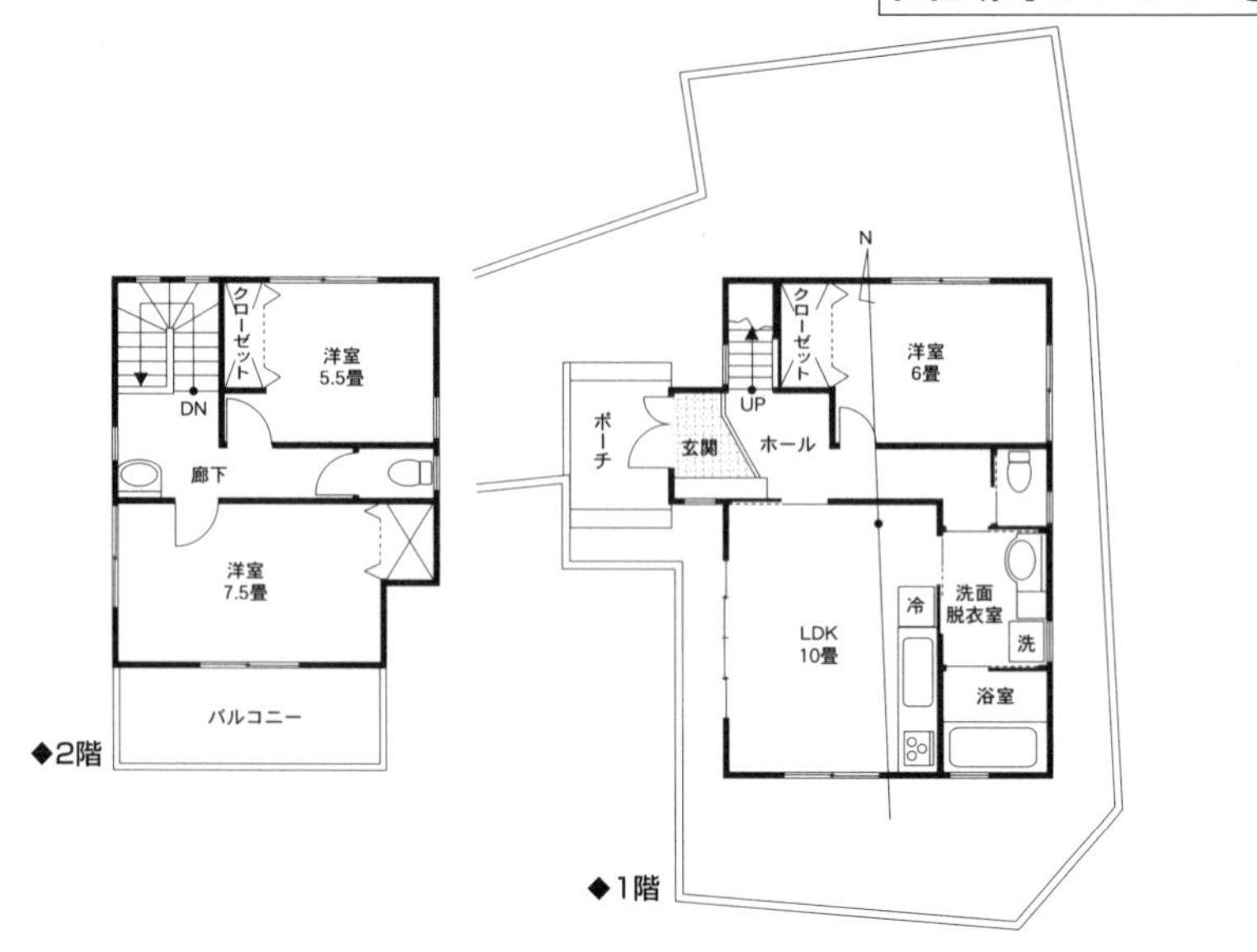

●経営者のセカンドハウス。本宅より家相のハードルを下げることが可能。ただし、玄関には張りを設けてある。

西玄関のプラン④

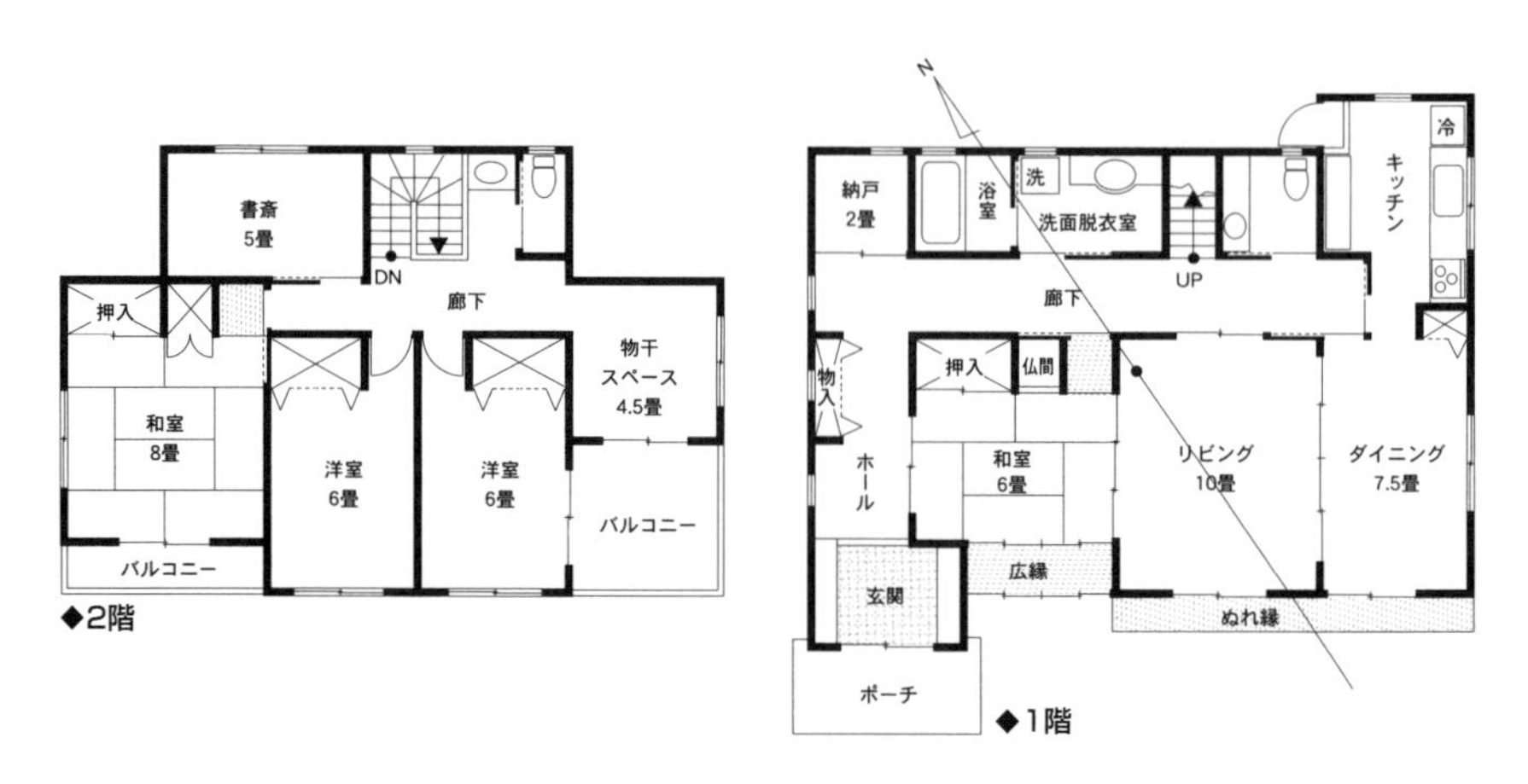

●北方位に設けた書斎は仕事用のもの。仕事で使う書斎は北や北西方位が吉相。

南玄関のプラン①

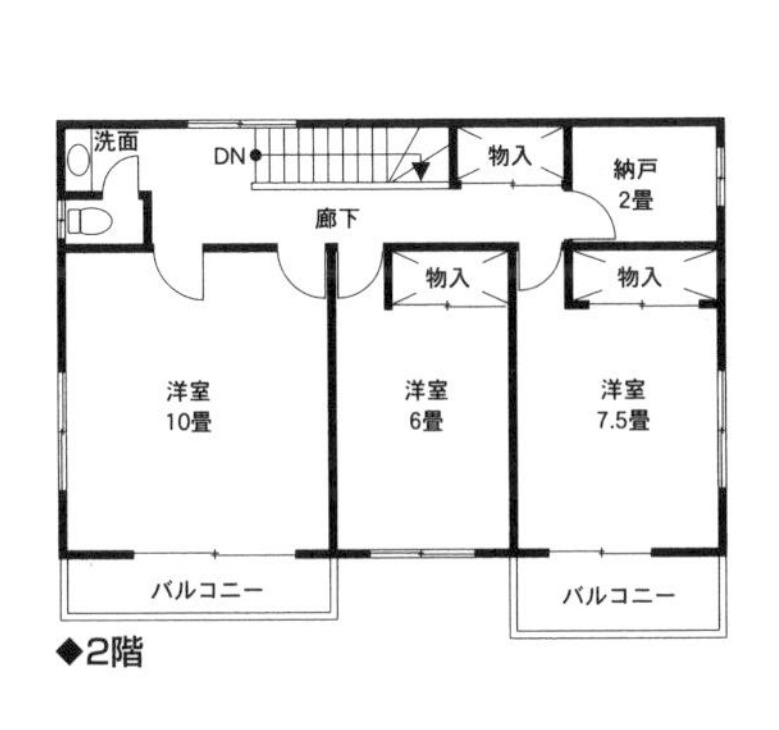

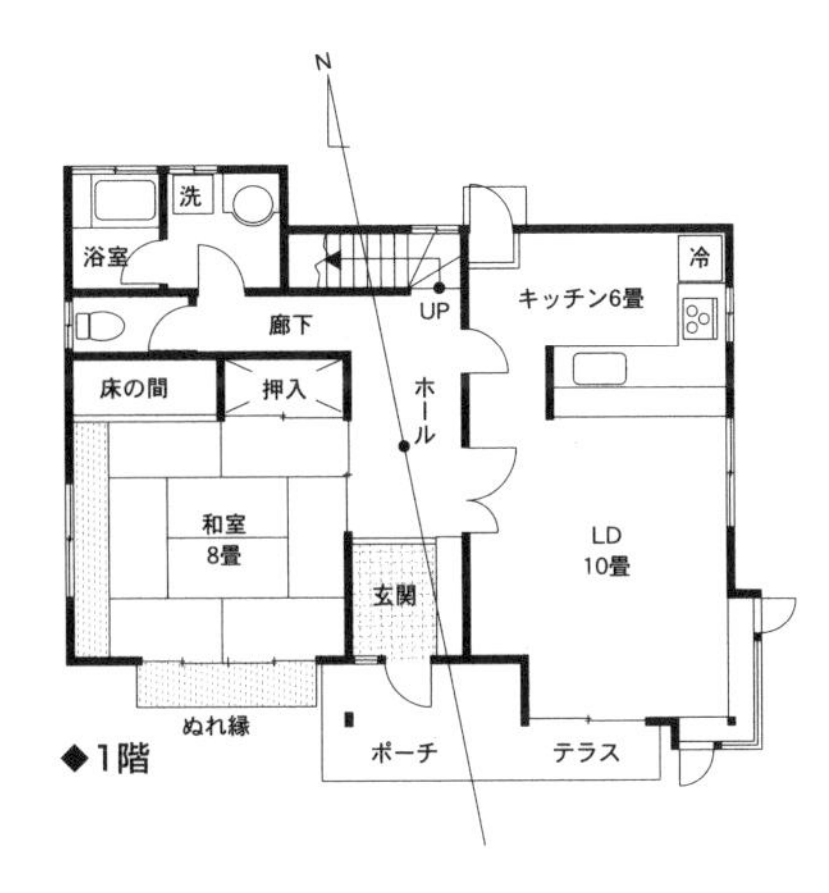

●北西と東南に張りを設けた複合相の家。施主の希望で2階も長方形にまとめてある。

南玄関のプラン②

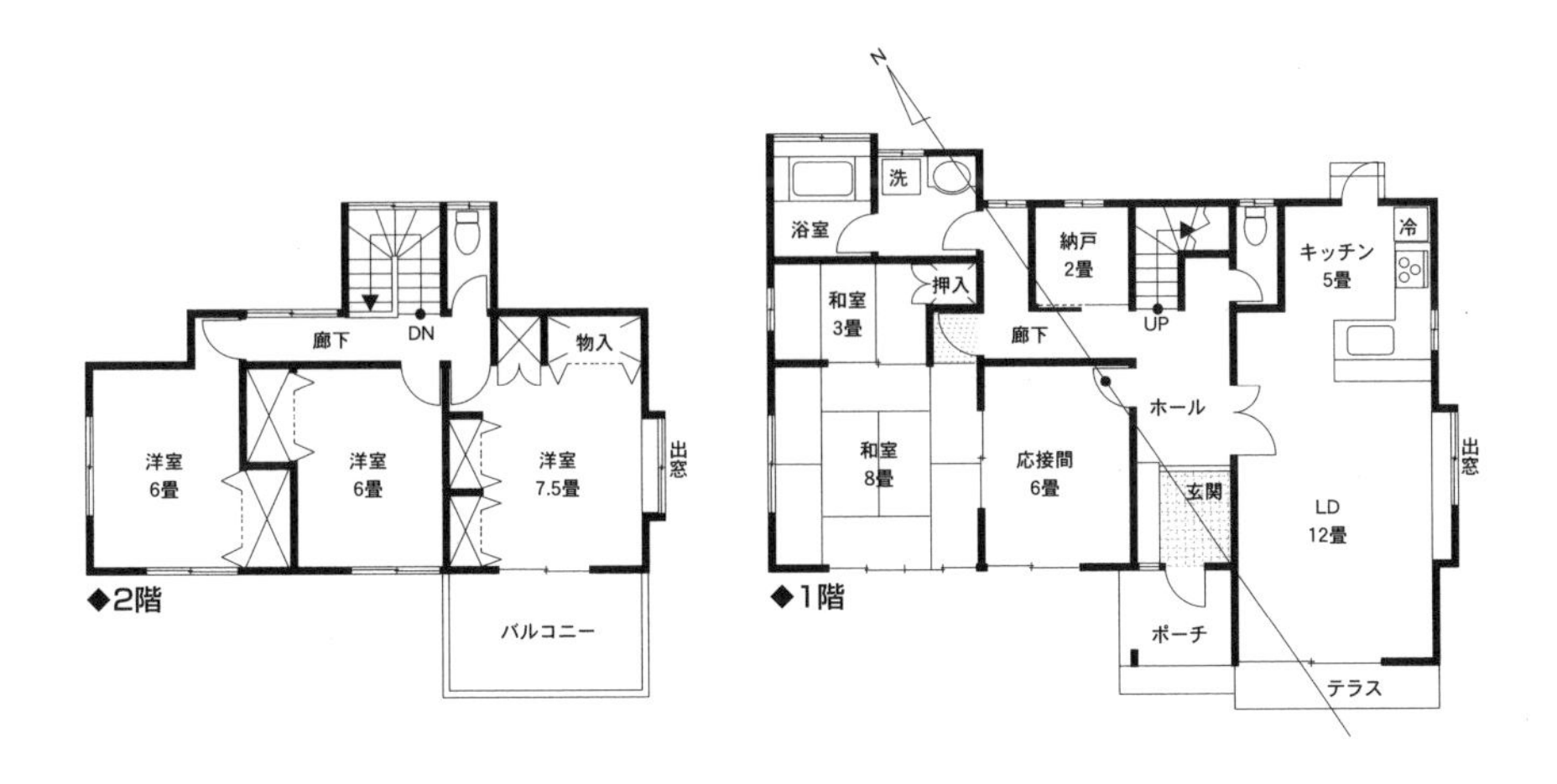

●基本的に2階には張りや欠けはない。ただし、トイレの位置は上下階でそろえている。

南玄関のプラン③

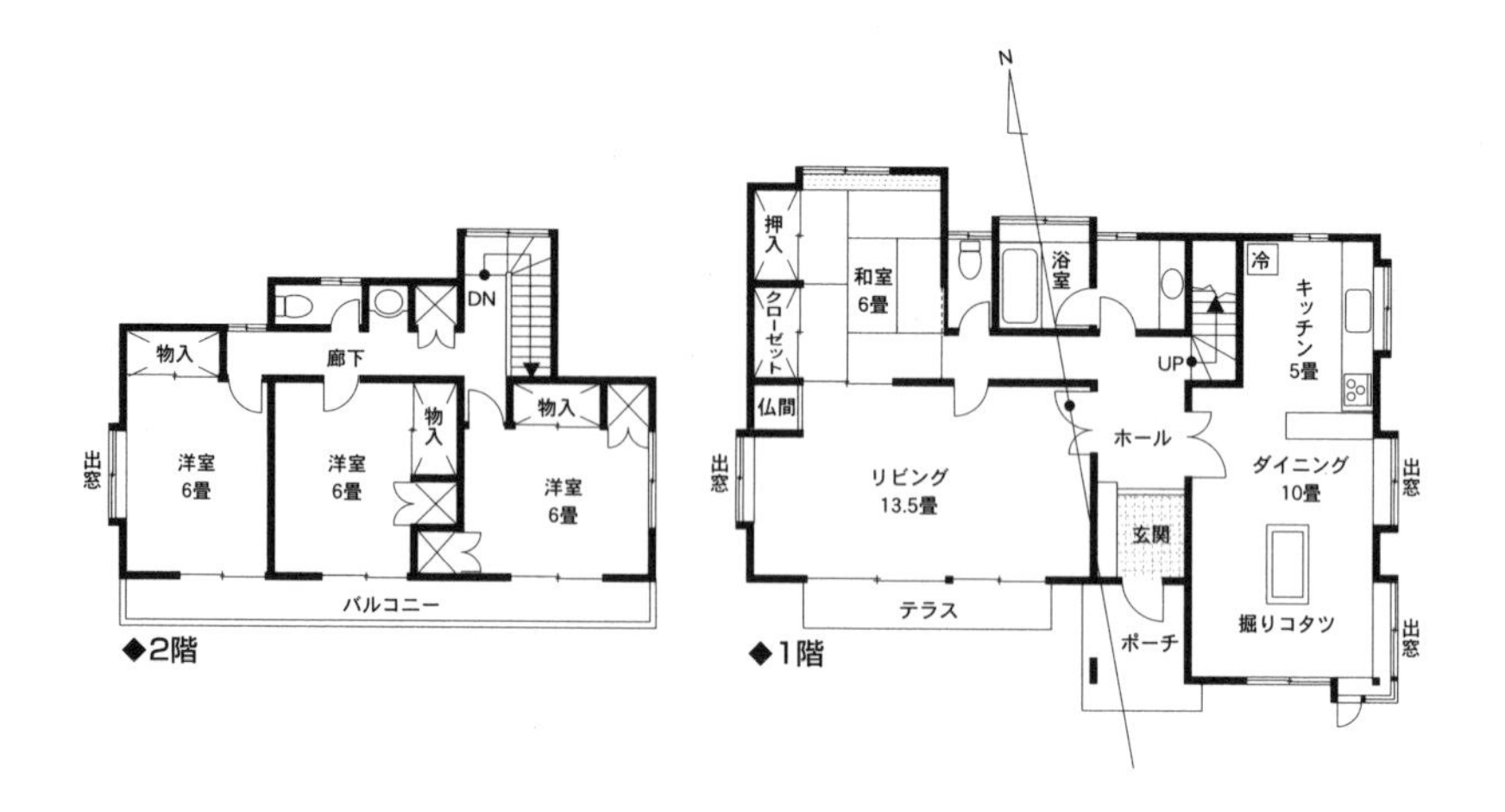

●来客の多い施主のため、ダイニングとリビングをあえて分離したプラン。経営者である施主の要望だ。

南玄関のプラン④

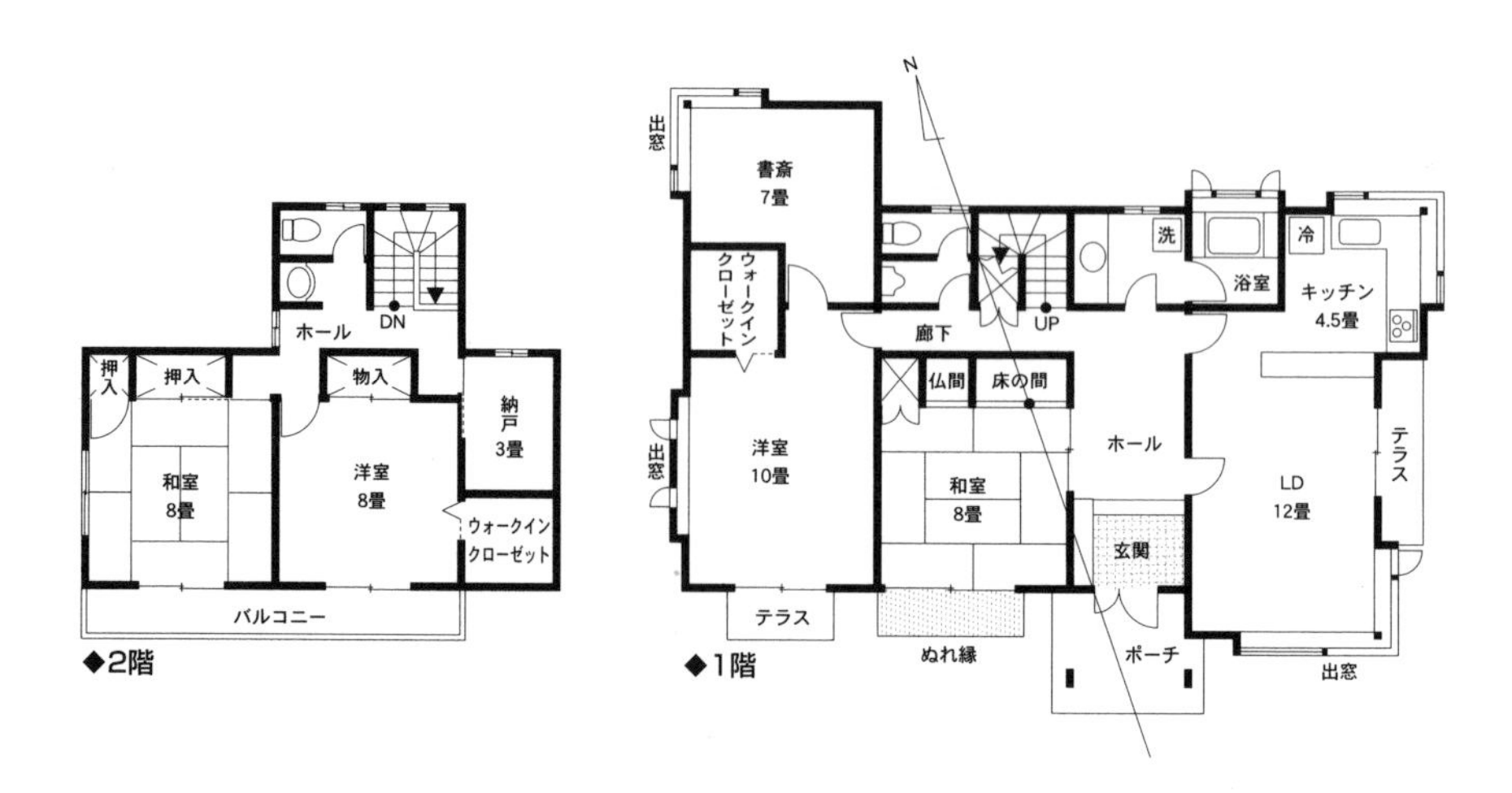

●北西方位に大きな書斎を取った経営者の自宅。2階はコンパクトにまとめたが、トイレの位置は上下階でそろえている。

北玄関のプラン①

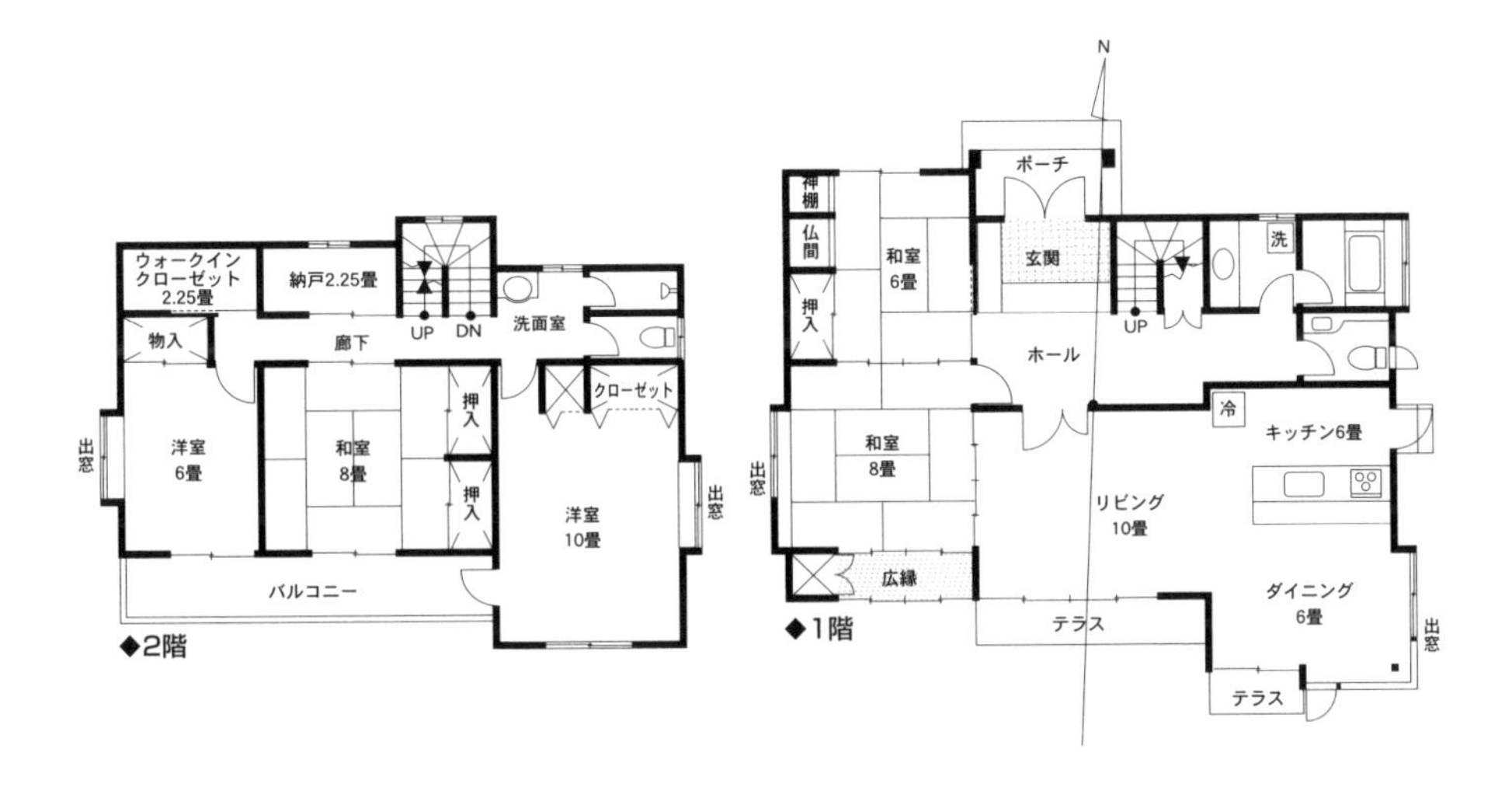

●北西と東南方位に張りを設け、採光と通風にも恵まれた北玄関ならではのプラン。

北玄関のプラン②

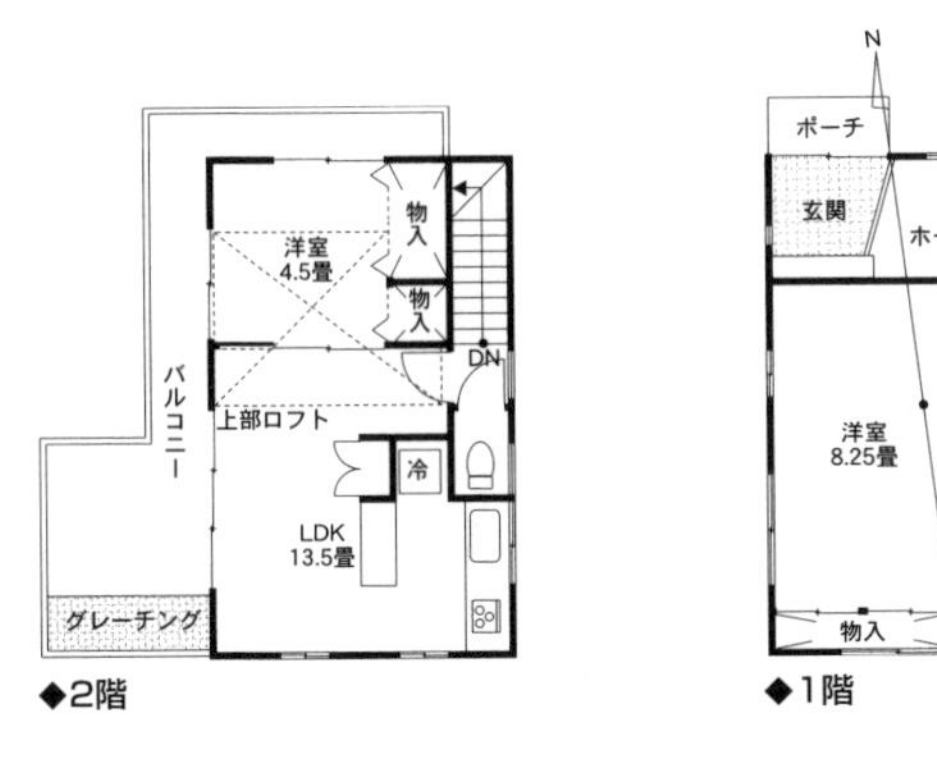

●西側の採光のみ有効な狭小敷地のプラン。水まわりは無難な東から東南に配置している。バルコニーの下部は駐車スペースとしている。

北玄関のプラン③

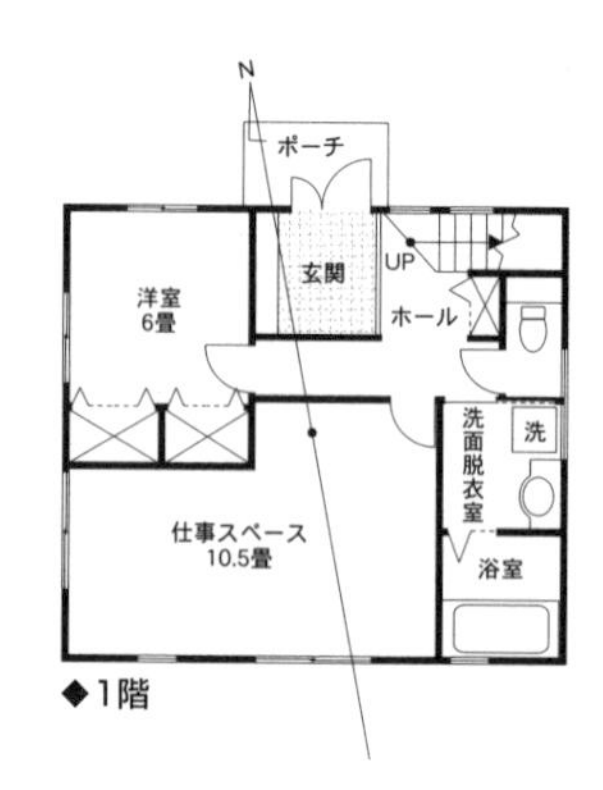

●採光の悪い南面を仕事スペースとした経営者夫婦の家。子供の誕生に合わせて住み替えを予定している。

北玄関のプラン④

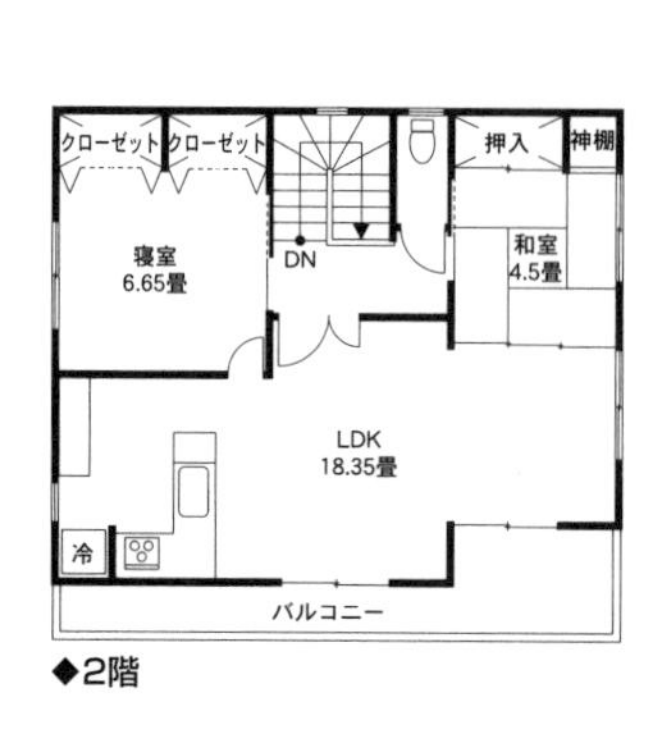

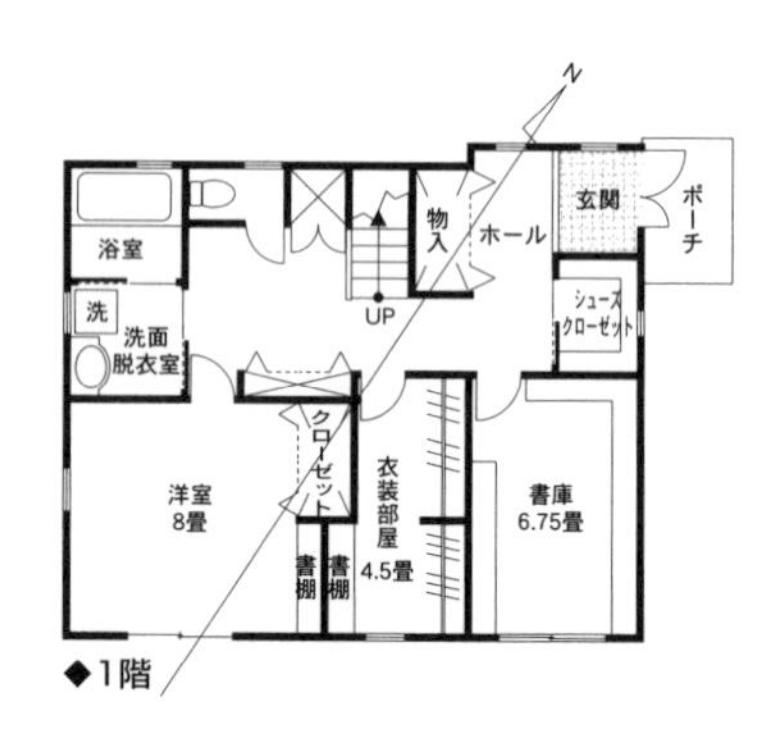

●海外出張も多い二人姉妹の家。重たい荷物はすべて1階に収納でき、玄関には張りを設けてある。

東南玄関のプラン①

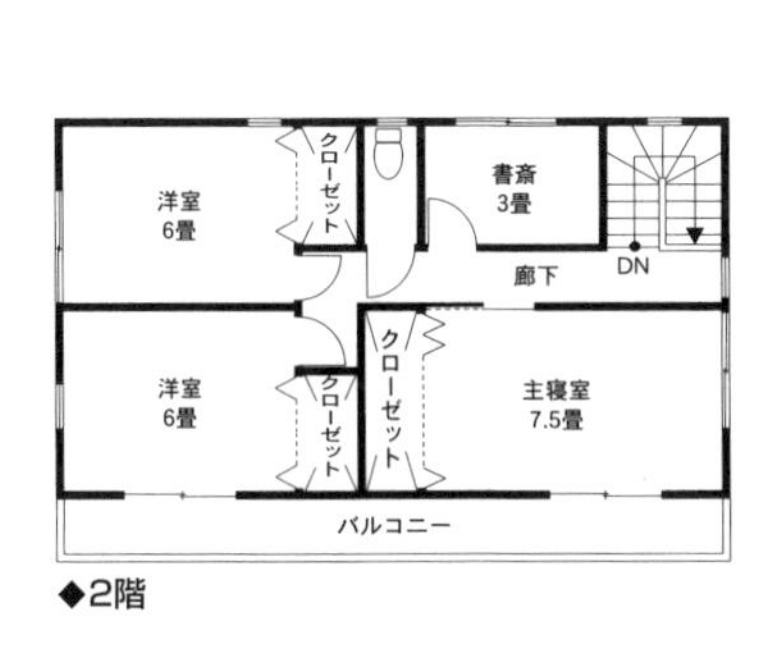

●キッチンを張り出し、家の中心部からシンクを外したプラン。２階トイレは浴槽の上部に配置した。

東南玄関のプラン②

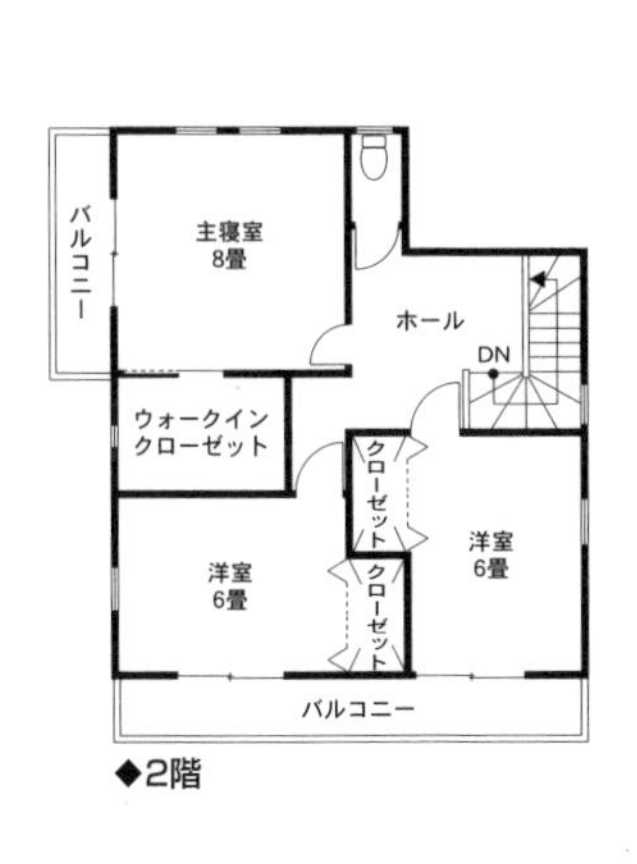

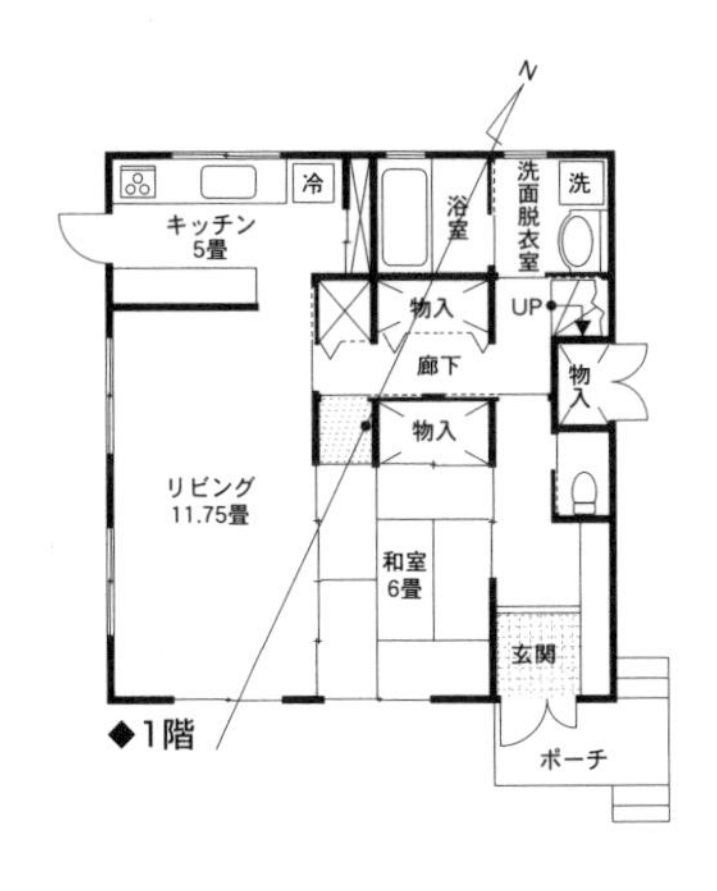

●北が東に大きく振れているので、正方形に近い形だが採光が良いプラン。２階は北側に主寝室、南側に子供室を配置するのが吉相となる。

北西玄関のプラン①

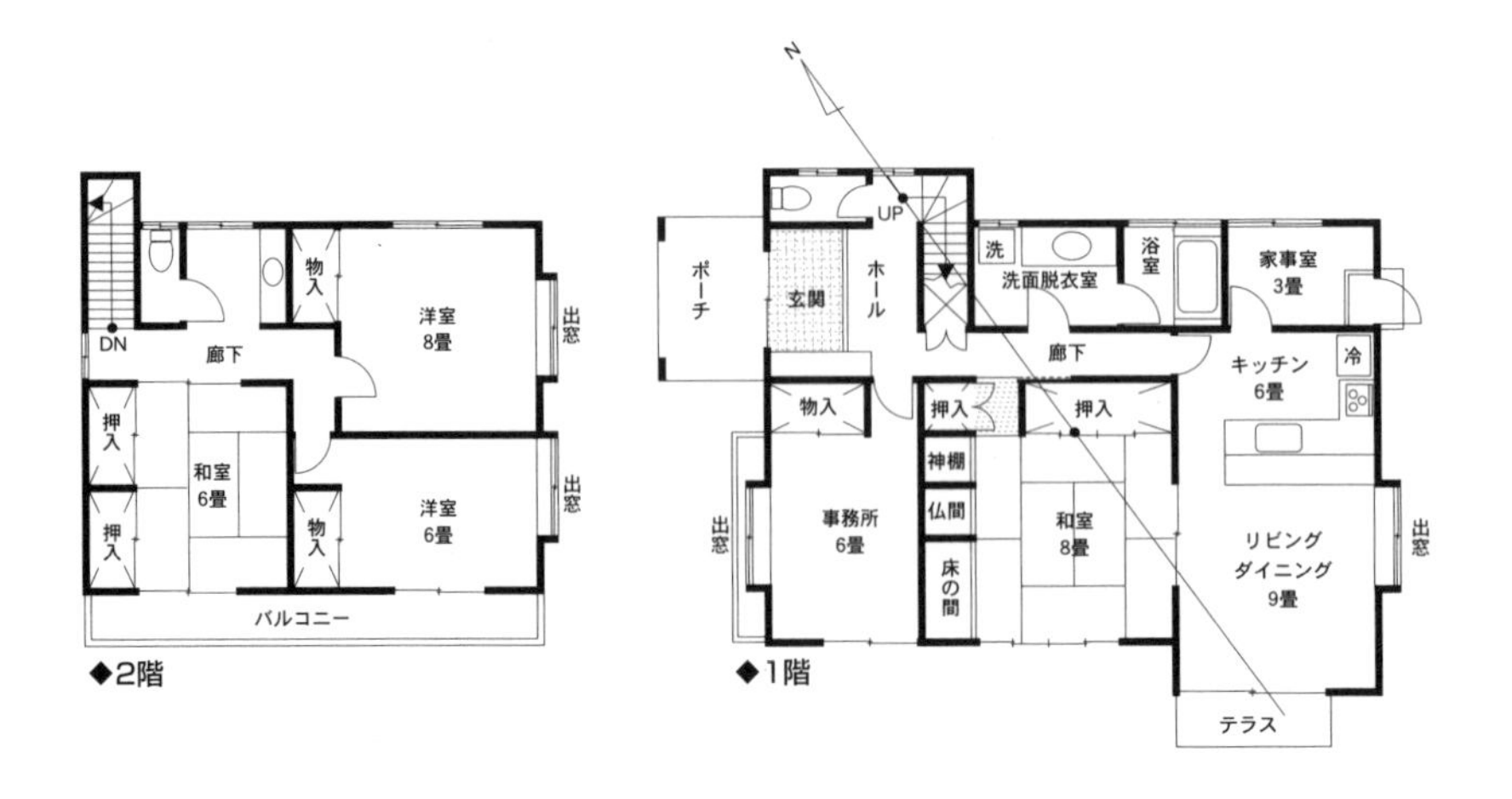

●北西玄関は南面に居室を配置できる利点がある。神棚と仏壇の上部は物入れとすることが無難だ。

北西玄関のプラン②

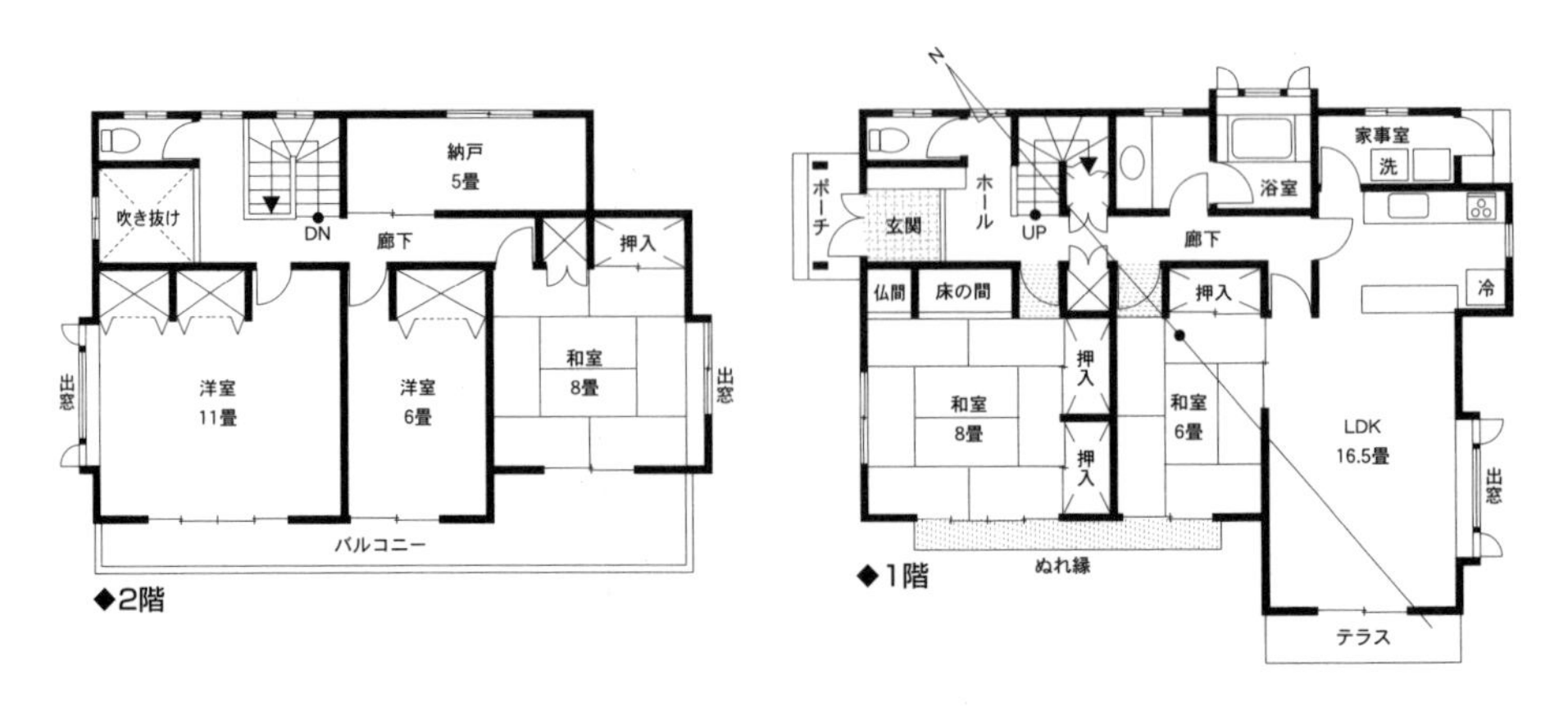

●独立した仏間とリビングと続きの和室があるプラン。ご先祖の供養を欠かさない施主だからこその間取り。神棚や仏壇を粗末にするのは最大の凶相だ。

その他のプラン①

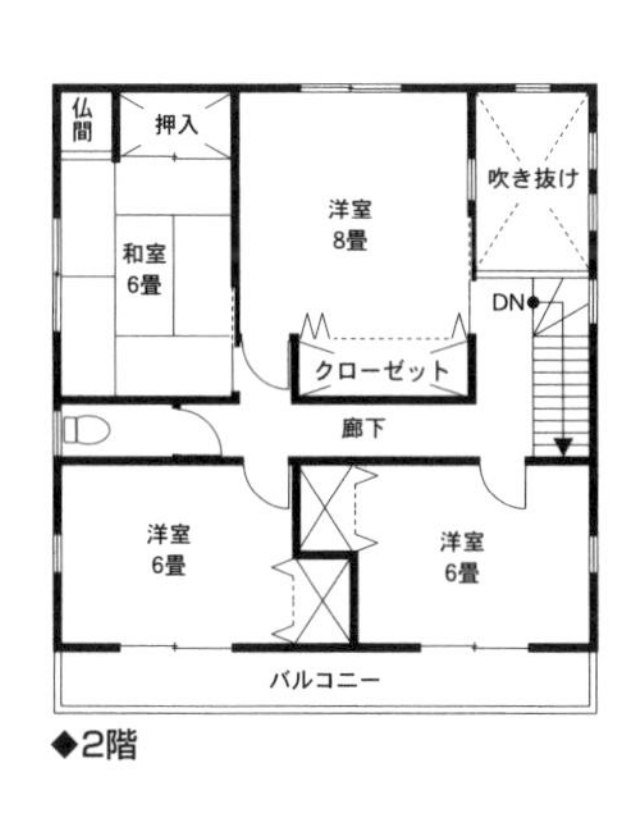

●玄関と事務所をこの位置にしか配置できない条件の家。限られた条件の中で最良の選択をするのが大切だ。

その他のプラン②

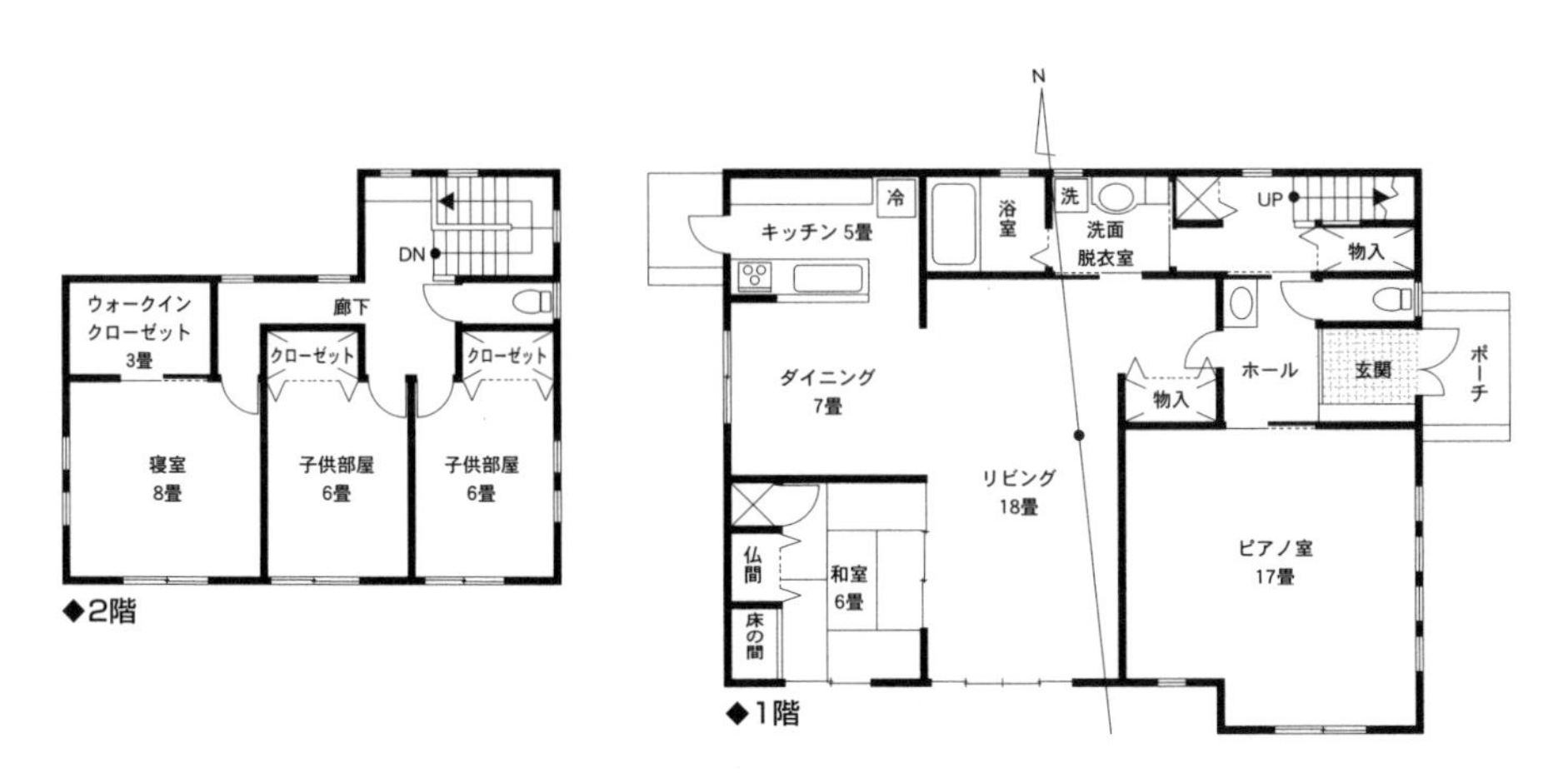

●ピアノ教室と居住スペースをしっかりと分離したプラン。これなら無難な家相といえる。

【著者紹介】

佐藤 秀海（さとう しゅうかい）
1960年東京都出身。法政大学経営学部卒業。
家相の大家である鶴野晴山氏に師事し、建築士・宅建取引主任者の資格を取得。2000年に㈲家相建築設計事務所を設立し、現在、代表取締役。家相建築家として、住宅・店舗・事務所などの設計監理とリフォームやマンション選びの相談を受け、現地調査で全国を訪れている。そのほか、一般向け・プロ向けの家相セミナーの講師を担当し、建築の専門誌や住宅雑誌に原稿を執筆している。また、家相をよくしつつ、建材や設備などを正しく選び、住環境を向上させる「家相に心をこめて、家を想う家想建築」を提唱し、実践している。著書に『よい家相の家づくり』（主婦と生活社）『プロのための家相マニュアル』『よくわかる！家相と間取り』（いずれもエクスナレッジ）などがある。また、千勝神社（茨城県つくば市）では、祭礼に神主としてもご奉仕している。

士業必見！ 正しい家相で業績アップ！
今日からできる開運事務所

2016年6月3日　発行

著　者　佐藤 秀海 ©

発行者　小泉 定裕

発行所　株式会社 清文社
東京都千代田区内神田1－6－6（MIFビル）
〒101-0047　電話03(6273)7946　FAX03(3518)0299
大阪市北区天神橋2丁目北2－6（大和南森町ビル）
〒530-0041　電話06(6135)4050　FAX06(6135)4059
URL http://www.skattsei.co.jp/

印刷：亜細亜印刷㈱

■本書の内容に関するお問い合わせは編集部までFAX（03-3518-8864）でお願いします。

ISBN978-4-433-64176-4